6

Cyfres Cymêrs Cymru

Cymeriadau
MALDWYN

GOLYGYDD
HEDD BLEDDYN

Gwasg
Gwynedd

CYM B/W6

Argraffiad cyntaf — Tachwedd 2010

ISBN 978 0 86074 264 7

Mae'r cyhoeddwyr yn cydnabod cefnogaeth ariannol
Cyngor Llyfrau Cymru.

*Cyhoeddwyd gan
Wasg Gwynedd, Pwllheli*

CYMERIADAU MALDWYN

I

IEUENCTID

Maldwyn

Cynnwys

Cyflwyniad

Mae'n bwysig ein bod yn cofnodi'r hanesion am orffennol ein broydd, ac yn cofio'r cymeriadau ffraeth ac unigryw hynny a oedd – ac sydd o hyd, ar waetha popeth – yn ychwanegu lliw a llonder at wead ein cymunedau.

Nid gorchwyl hawdd fu ymateb i gais Gwasg Gwynedd ar imi gasglu a chofnodi hanes cymeriadau Maldwyn. Mae'n debygol fod yna lawer iawn mwy o 'gymêrs' y gellid bod wedi'u cynnwys yma ond nad oeddwn i'n ymwybodol ohonynt, neu bod eu hanesion wedi'u cofnodi'n helaeth eisoes. Ac er pob ymdrech i sicrhau cywirdeb ffeithiau, rhaid cofio bod llawer o'r hanes yn ail, yn drydydd a hyd yn oed yn bedwerydd llaw. Y cyfan y gallaf ei ddweud yw fod pob un hanesyn a welir yma'n wir i *mi* – ac os nad ydi o, efallai y gellid dweud y *dylai* fod!

Diolch i'r rhai a fu mor barod i gael eu cyf-weld ac i gasglu gwybodaeth ar fy nghais, ac yn arbennig i Alwyn Hughes, Llangadfan, am ei gyfraniad enfawr i'r gyfrol gyda'i wybodaeth am gymeriadau gogledd y sir. Bu cyfraniad Lleu Bleddyn ac Aled Hughes gyda'r lluniau'n werthfawr iawn hefyd, yn ogystal â chymwynas Catrin Hughes yn teipio'r deunydd gwreiddiol. Yn olaf, diolch i bawb yng Ngwasg Gwynedd am eu cymorth a'u hamynedd.

Hyderaf yn fawr y cewch flas ar y darllen.

HEDD BLEDDYN

Pytiau i roi blas

[Mae'r cyfeilllion y ceir eu hanes yn y pytiau canlynol bellach wedi gadael y fuchedd hon, a newidiwyd rhai enwau rhag pechu eu teuluoedd!]

Cymeriad a hanner oedd 'John Ffridd Fawr', ac roedd yn enwog am fod yn dipyn o froliwr.

Cafodd John y pris uchaf am wartheg ym marchnad Croesoswallt un dydd Mercher, a dywedodd cyfaill wrtho, 'Roedd gen ti wartheg da iawn heddiw, John.' 'Oedd, am wn i, ond mae gen i rai gwell adre.'

Yn y farchnad ryw ddydd Mercher arall, sgwrsiai criw o ffermwyr am y cynhaeaf gwair. 'Oes gen ti grop go lew o wair leni?' gofynnodd un o'i gyfeillion i John. 'Oes, myn diawl,' atebodd, 'roedd 'ne gymaint o fêls, bu'n rhaid imi facio'r treilar i fewn i'r cae.'

Roedd criw'n sgwrsio ar ôl dod allan o'r capel un nos Sul, ac un ohonynt yn dweud ei fod wedi cael salwch a thaflu i fyny. Roedd rhywun arall hefyd wedi cael yr un aflwydd, nes ei fod yn taflu i fyny trwy'i drwyn. 'O, mi ges i'r salwch hefyd,' medde John, 'ac roeddwn i mor sâl nes o'n i'n taflu fyny drwy 'nghlustiau.'

Lle da oedd Ffridd Fawr am betris, ac roedd John yn rhoi

gwenith ar lawr i'w denu'n nes at y buarth. Rhoddodd y gwenith yn rhip hir o fewn ergyd i adeilad. Daeth y petris, a gollyngodd John ergyd i'w canol gan ladd ugain ag un ergyd. Cododd un betrisen ac fe saethodd honno â'r faril arall.

* * *

Bu'n rhaid i Sam fynd i'r ysbyty ar ôl cael trawiad bychan. Deffrodd yn ei wely drannoeth, a gofynnodd nyrs iddo, 'Where are your false teeth, Mr Jones?' Ar ôl meddwl ychydig, atebodd Sam, 'They are in this country somewhere.'

* * *

Un diwrnod cneifio yng Nghwm Nant yr Eira, roedd nifer o gymdogion wedi dod i gynorthwyo. Ganol bore, dywedodd y ffermwr, 'Dwi'n mynd i wneud paned' – ac i ffwrdd â fo. Ymhen sbel, dyma fo'n ôl a dweud, 'Sori i mi fod mor hir, ond fedrwn i yn 'y myw â chael y te allan o'r hen fagie bach 'na.'

* * *

Aeth nifer o bobl i hela'r llwynog i goedwig Dyfnant, sy dros ddeng mil o aceri. Defnyddient lawer ar y *walkie talkie* er mwyn cadw mewn cysylltiad. Yn ystod y bore, gofynnodd Tom, 'Ble rwyt ti rŵan, Huw?' 'Fan hyn,' medde Huw.

* * *

Ar iard Ysgol Llanerfyl, fe giciodd Twm Nyth bêl yn erbyn y ffenestr a'i thorri. Aeth i mewn i'r dosbarth i nôl y bêl, a cheisio'i chicio allan drwy'r twll. Yn anffodus, methodd y twll a malu paen arall.

Dro arall roedd yn gweithio ar fferm ger y Foel, a chafodd ordors i fynd â cheffyl gwedd a sled i fyny i'r ffridd i gael llwyth o redyn o'r das. Roedd yn fore hynod o oer a phan gyrhaeddodd y das, penderfynodd wneud tân bach i gynhesu. Cyn pen dim roedd y tân wedi mynd i'r das, a dim ond cael a chael oedd hi i ddadfachu'r ceffyl oddi wrth y sled cyn i honno a'i llwyth hefyd fynd ar dân. Rhedodd Twm i lawr i'r fferm i ddweud yr hanes ac aeth y ffermwr gydag o i weld y difrod. Erbyn iddynt gyrraedd y ffridd roedd y tân wedi llosgi allan, a'r unig beth oedd ar ôl oedd dau ddarn o haearn a ddaliai'r sled wrth ei gilydd.

*   *   *

Roedd Dei Tŷ Mawr wedi bod wrthi'n ceisio difa brain ar adeg wyna, ond roedd dwy gigfran fawr ar ôl. 'Mi ges i syniad,' medde Dei. 'Mi es i orwedd ar fy nghefn ynghanol y cae, fy llygaid yn agored a'r gwn wrth fy ochr. Dyma'r hen frain yn dod a deifio i lawr gan feddwl fy mod wedi marw. Codais ar f'eistedd yn sydyn a saethais – bang! bang! – a dyna ddiwedd y brain.'

Dro arall roedd Dei yn saethu colomennod clai yn Sioe Llanfair, ac yn cael hwyl dda arni. Dywedodd rhywun wrtho, 'Rwyt ti'n saethu'n dda, Dei.' 'Wyddost ti be,' medde Dei, 'dwi'n trio 'ngore i fethu'r diawled.'

Roedd yn sgwrsio gyda chymydog pan ddaeth awyren dros eu pennau. 'Royal Mail yn pasio,' medde'r cymydog. 'Ie,' medde Dei, gan edrych ar ei oriawr. 'Bum munud yn hwyr heddiw.'

*   *   *

Âi'r cigydd John Hughes, Penbraich, â chig o gwmpas ardal Llanwddyn. Unwaith, wrth fynd heibio'r Dafarn Newydd, Llanwddyn, gofynnodd gwraig y siop iddo, 'Beth ydi pwysau'r cig heddiw, John Hughes?' 'Deuddeg pwys ac owns,' oedd yr ateb. 'O, 'dech chi rioed yn tsharjio am *owns*, John Hughes?' medde'r siopwraig. Ddywedodd John Hughes ddim byd, ond ar ei ffordd adref galwodd heibio'r siop eto a dweud, 'Well i mi gael owns o faco. 'Dech chi ddim yn tsharjio am *owns* yma, 'dech chi, Mrs Jones?'

* * *

Roedd hen ffermwr yn byw yng Nghwm Twrch uwchben y Foel, ac yn hynod o drwm ei glyw. Un diwrnod, roeddent yn lladd mochyn – yr hen ddyn yn ei ddal tra oedd y mab yn ceisio'i drywanu â chyllell. Cyn bo hir dyma'r hen ŵr yn gweiddi, 'Ydi'r diawl wedi stopio gwichian eto?'

* * *

Adeg yr Ail Ryfel Byd, roedd Home Guard Dolanog ar ben yr Allt ac yn edrych draw tua Lerpwl, ble roedd yr awyr yn goch yn dilyn y bomio. 'Dwi'n siŵr 'mod i'n ogleuo'r mwg,' medde un o'r milwyr. Ymhen ychydig gwelodd rhywun fwg yn dod allan o boced côt fawr y milwr. 'Damio,' medde'r milwr, 'bocs matshys wedi mynd ar dân yn 'y mhoced i.'

* * *

Roeddwn wedi mynd i'r Brigands am bryd o fwyd un nos Sadwrn, a thra'n sefyll wrth y bar daeth cyfaill imi i fewn a gofynnais iddo, 'Oedd hi'n brysur yn Cian [tafarn y Cann Office] heno?' 'Oedd,' medde Gwil, 'roedd 'ne dipyn o Indians yno â *tyrbeins* ar eu pennau.'

* * *

Adeg Rhyfel y Malfinas yn 1982 roedd awyrennau'n ymarfer

uwchben Dyffryn Banw. Un diwrnod roeddent yn ymarfer ail-lenwi awyren yn yr awyr drwy gysylltu piben danwydd ag awyren arall. Roedd Twm yn mynd rownd y defed. Edrychodd i fyny a dweud wrth y mab, 'Wel'di'r awyren acw wedi stôlio a'r llall yn trio'i "bump startio" hi.'

* * *

Bu farw fy mam rai blynyddoedd yn ôl ac nid oedd fy nhad wedi arfer coginio rhyw lawer. Roeddwn wedi prynu hanner cyw iâr parod iddo. Diolchodd amdano ac aeth ag ef adre i'w ganlyn. Ymhen ychydig dyma'r ffôn yn canu a Nhad yn gofyn, 'Faint chwaneg o amser mae'r "half cooked chicken" yma isie yn y ffwrn?'

* * *

Yn y flwyddyn 2000 cefais wahoddiad i fynd gydag ysgol leol i weld canolfan y Mileniwm – y 'Dôm' – yn Llundain. Roedd mab fferm ar y bws na fu mewn dinas erioed o'r blaen, a phan gyrhaeddwyd Llundain ni fedrai gredu ei lygaid. Cyn i ni gyrraedd y Dôm, daeth arogleuon i fewn i'r bws o ffatrïoedd gerllaw. Gwaeddodd yr hen gòg, 'Hei, mae 'na rywun yn chwalu tail yma rywle.'

* * *

Tua ugain mlynedd yn ôl roeddem yn saethu grows ar yr ucheldir uwchben Llyn Llanwddyn. Cafodd un o'r saethwyr drawiad ar y galon a bu farw yn y grug. Nid oedd ambiwlans awyr ar gael bryd hynny a bu'n rhaid galw am un o'r hofrenyddion mawr melyn o'r Fali ar Ynys Môn – y 'Sea Kings'. Disgynnodd yr hofrenydd yn ein hymyl a daeth parafeddyg at y dyn a sylweddoli'i bod yn rhy hwyr. Cododd ei ben a gofyn i un o'r saethwyr eraill, 'Has he got a history of heart trouble?' – a chael yr ateb, 'I don't know, but he hasn't had anything like this before.'

*   *   *

Roedd John y cipar yn saethu cwningod un dydd ac roedd wedi methu amryw. 'Beth sy'n bod arnat ti heddiw, John?' medde un o'r criw. 'Dim byd,' medde John, 'mae'r diawled yn haws i'w cario fel hyn!'

*   *   *

Aeth athrawes o Ysgol Llanfair Caereinion i Langrannog am wythnos gyda chriw o blant, gan fynd â chyfrifiannell efo hi. Dyma ddechre ar y gwaith papur, a dyma waedd: 'O, na! Be 'neith Bob? Dwi wedi dod â *remote control* y teledu efo fi.'

*   *   *

Daeth tyrfa dda o bobl i yrfa chwist yng Nghanolfan y Banw un noson, ac roedd yr MC yn awyddus i bawb eistedd er mwyn cael dechre. O'r diwedd, gwaeddodd ar dop ei lais, 'If we all sit down, we'll see where we are standing!'

*   *   *

Aeth yr heddlu heibio i dafarn yn ardal Llanfyllin a hithe bron yn amser cau. 'Mae'n dawel iawn yma heno,' medde'r heddwas. 'O, does neb yn dod yma nes ei bod hi'n hwyr,' medde'r wraig tu ôl i'r bar.

*   *   *

Aeth criw o weithwyr Llanwddyn i sioe yn Lerpwl un tro, ac aros noson mewn llety. Amser swper dyma wraig y llety'n rhoi dysgled o datws ar y bwrdd o flaen Jack. Rhuthrodd Jack i'r tatws, gan adael dwy neu dair ar ôl yn y ddysgl. Y noson wedyn, dyma'r wraig yn dod â dysgled o datws eto, a dweud wrth Jack, 'Don't take too much.' Edrychodd Jack arni cyn gofyn, 'How much is too much?'

* * *

Roedd hen saer yn ardal Dolanog oedd yn ymgymerwr angladdau yn ogystal. Os byddai rhywun o'r ardal wedi marw, byddai Dafydd Edmonds yn chwibanu ac mewn hwyliau da. Un dydd, dyma rywun yn galw heibio'i weithdy a dweud, 'Glywsoch chi fod giaffar Bryn Mawr wedi marw?' 'Naddo wir,' medde Dafydd a gwên ar ei wyneb. I ffwrdd ag ef ar ei union tua Bryn Mawr, a darn o bren ar ei ysgwydd i fesur y corff. Wrth fynd i lawr wtra Bryn Mawr, gwelodd yr hen giaffar yn cerdded i fyny tuag ato. Diawliodd dan ei anadl, a thaflu'r darn pren i'r gwrych wrth sylweddoli bod rhywun wedi bod yn tynnu'i goes.

Dro arall roedd cyfarfod pregethu yng Nghapel Coffa Ann Griffiths yn Nolanog. Roedd gweithdy Dafydd Edmonds gerllaw, a bu Dafydd yn brysur yn gwneud pob math o bethau allan o goed a'u harddangos ar ddarn o dir rhwng y gweithdy a'r capel. Ar ddiwrnod y cyfarfod pregethu pasiai llawer o bobl heibio ar eu ffordd i'r capel, ac un o'r rhai olaf oedd Dafydd ei hun. Wrth gerdded heibio i'r gweithdy, sylwodd fod rhywbeth wedi'i ysgrifennu ar dalcen un o'r tai bach yng ngwaelod yr ardd. Edrychodd ar yr ysgrifen fras: DAFYDD EDMONDS, SHIT HOUSE BUILDER.

Ni wyddys a aeth i'r cyfarfod pregethu ai peidio.

Pryce Pryce-Jones

Ganwyd Pryce Pryce-Jones yn 1834 ym mhlwyf Llanllwchaearn yn agos i'r Drenewydd. Yn y dref honno y bu farw yn 1920, erbyn hynny â 'Syr' o flaen ei enw. Roedd yn llinach yr enwog Robert Owen o'r Drenewydd – gŵr arall y gallesid bod wedi'i gynnwys yn y gyfrol yma ond mae ei hanes ef wedi'i gofnodi'n helaeth eisoes.

Cychwynnodd Pryce-Jones ei yrfa fel prentis deuddeg oed mewn siop ddillad yn Broad Street, y Drenewydd, lle gweithiodd hyd nes ei fod yn un ar hugain oed. Roedd 'gwlanen y Drenewydd' eisoes yn enwog ymhell y tu hwnt i ffiniau'r dref, ac ar sail y cynnyrch hwnnw y sefydlodd Pryce-Jones ei siop fach ei hun. Bu ad-drefnu'r Swyddfa Bost a dyfodiad y rheilffordd i'r Drenewydd yn allweddol i droi busnes bach lleol yn fusnes mawr byd-eang.

Trawodd Pryce-Jones ar syniad unigryw ar y pryd, sef anfon allan daflenni wrth y miloedd a chael archebion yn ôl, ac yna defnyddio'r post a'r trenau i ddosbarthu'r nwyddau. Medrai felly werthu o'i siop i bobl trwy'r wlad – yn wir, ledled byd: roedd gan y gŵr o Faldwyn, meddir, gwsmeriaid yn America a hyd yn oed Awstralia!

Dyma'r enghraifft gyntaf yn y byd o 'Mail Order', mae'n debyg, a syniad Pryce Pryce-Jones oedd yr hyn y gwelwn gymaint defnydd ohono yn ein dyddiau ni. Roedd yn eiddgar iawn i werthu i'r teulu brenhinol ac i enwogion y cyfnod, fel y gallai gofnodi hynny yn ei gatalogau mawr lliwgar. Ymhlith ei gwsmeriaid rheolaidd roedd y Frenhines Fictoria, Florence Nightingale a llawer un adnabyddus arall, yn cynnwys aelodau o deuluoedd brenhinol Ewrop. Erbyn 1880 dywedid fod ganddo dros gan mil o gwsmeriaid rheolaidd. Roedd tri thrên y dydd yn cario nwyddau o orsaf y Drenewydd o'i fusnes ef yn unig.

Bu'n rhaid symud sawl gwaith i adeiladau mwy yn y dref. Yn 1879 adeiladodd Pryce-Jones y Royal Welsh Warehouse, ac mae'r adeiladau hynny i'w gweld yno hyd heddiw. Estyniad o'r busnes hwnnw yw'r un lle collwyd dros 180 o swyddi yn 2010.

Urddwyd Pryce Pryce-Jones yn Farchog gan y Frenhines Fictoria, a bu hefyd yn Uchel Siryf ac yn Aelod Seneddol dros Drefaldwyn. Adeiladodd Blas Dolerw yr ochor arall i afon Hafren yn gartref iddo ef a'i deulu, ac mae'n debyg mai ef oedd perchennog y ffôn cyntaf yng Nghymru. Yn wir, roedd ganddo *ddau* – un yn y siop ac un arall yn Nolerw. Diwerth fyddai un ffôn mewn gwlad heb ffôn, mi dybiaf!

Deio Penllys
('Bugail Dartmoor')

Ganwyd David Davies yng Nhynbwlch Isa ym mhlwyf Llanfihangel-yng-Ngwynfa ar Ddydd Guto Ffowc, 1849.

Yn ôl cyfrifiad 1851, dyma pwy oedd yn byw yn Nhynbwlch Isa bryd hynny: David Davies (32 oed), y tad; Elizabeth (35 oed), y fam; William (8 oed), Jane (5 oed) a David. Symudodd y teulu oddi yno'n fuan wedyn, ac aeth y bwthyn yn adfeilion.

Rock Cottage, Llanfyllin

Roedd David Davies y tad yn was ffarm yn yr ardal. Symudodd y teulu i Rock Cottage, Llanfyllin, pan oedd

David y mab yn ifanc. Mynychodd yr ysgol ddyddiol ac âi i'r Ysgol Sul a'r oedfaon yng Nghapel Wesleaidd y dref. Wedi gadael yr ysgol, aeth gyda'i dad i weini ar ffermydd yr ardal. Defnyddiai'r bladur wrth ochr ei dad mewn caeau gwair, ac âi i farchnad Croesoswallt ar ddiwrnodau marchnad. Adwaenid ef yn lleol fel Deio Penllys, gan fod ei gartref gwreiddiol yn yr ardal honno.

Er gwaethaf ei fagwraeth Gristnogol, gwyrodd oddi ar y llwybr cul yn gynnar yn ei oes. Dôi rhyw ysfa gyson drosto i ddwyn. Treuliodd y rhan helaethaf o'i oes mewn carchar ac roedd ei helyntion yn ddiddiwedd.

Cychwynnodd ar ei yrfa fel lleidr yn ddeunaw oed pan ddwynodd wn o'r eiddo Charles Charles o Bentrefelin, Llanrhaeadr. Fe'i carcharwyd am wyth mis.

Ddwy flynedd yn ddiweddarach roedd yn Llansanffraid ger cartref gwraig o'r enw Salome Jones – Tŷ Isa Bach – ac fe ddygodd grys gorau ei gŵr oddi ar wrych lle'i rhoed i sychu. Aeth yr heddlu ar ei ôl a daethpwyd o hyd iddo ym Mronymain, Meifod. Roedd Deio wedi cuddio'r crys yn y gwellt y tu ôl i ddrws un o adeiladau'r fferm. Daethpwyd ag ef o flaen ei well yn Llansanffraid yn fuan wedyn, a'i garcharu am fis yng ngharchar Trefaldwyn.

Nid oes unrhyw gofnod ohono wedyn hyd nes y cafodd ei ddal yn dwyn yn Oldham yn 1871. Roedd yn un ar hugain oed erbyn hyn. Torrodd i mewn i dŷ yno ar ôl yfed poteliad o siampên. Cornelwyd ef gan heddwas, a thaflodd Deio fasged ato i geisio dianc. Mae'n ymddangos mai dyma'r unig weithred o drais a briodolir iddo gydol ei oes gythryblus. Ni lwyddodd i ddianc, fodd bynnag, ac ymddangosodd o flaen ei well ym Manceinion dan enw ffug – 'William Hall'. Carcharwyd ef am saith mlynedd yn Llys y Goron. Yna, yn

1877, ymddangosodd yn y llys am ddwyn wats yn West Felton, sir Amwythig, a chael dedfryd o ddeng mlynedd yng ngharchar Parkhurst.

Ceir hanes amdano wedyn yn weithiwr ar y dociau yn Southampton, a bu'n gweithio yn Ffrainc hefyd am gyfnodau byr. Dychwelodd i ardal Ellesmere, sir Amwythig. Ceir ei hanes yn torri i mewn i Hardwick Hall; daliwyd ef yn Nantwich ychydig ddyddiau'n ddiweddarach, wedi iddo geisio gwerthu'r eiddo a ddygasai o'r plas. Ymddangosodd 'Walter Evans' mewn llys yn yr Amwythig, a phenderfynodd y barnwr fod yn llym a'i garcharu am bymtheng mlynedd.

Ddeuddeng mlynedd yn ddiweddarach roedd o flaen ei well yn Lerpwl, wedi'i gyhuddo o ddwyn o flwch offrwm yn Eglwys Gatholig Warrington. Dyma ddechrau ar arferiad a barodd weddill ei oes. Credai fod Catholigion yn fwy hael eu cyfraniadau yn y blychau offrwm, ac arweiniodd trosedd ar ôl trosedd at gyfnodau o amrywiol hyd yn y carchar. Cafodd ei garcharu am dair blynedd ar ddeg am ddwyn o flwch offrwm yn yr Eglwys Wen (Whitchurch), sir Amwythig, yn 1909, a'i yrru i garchar Dartmoor – nid am y tro cyntaf. Er na soniai rhyw lawer am ei gyfnod yn y carchar yno, cyfaddefai ei fod yn hapus yn gofalu am yr anifeiliaid. Dyna sut y cafodd yr enw 'Bugail Dartmoor'.

Apeliodd at yr Ysgrifennydd Cartref yn erbyn y gosb drom a gafodd, ac aeth Winston Churchill, yr Ysgrifennydd Cartref, a Lloyd George, Canghellor y Trysorlys, i ymweld ag ef. Rhoddwyd pardwn i'r troseddwr ar yr amod ei fod yn mynd i weithio ar fferm ger Rhuthun am chwe mis, a chadw allan o helynt. Cytunodd i wneud hynny ond diflannodd oddi yno'n fuan. Cafodd Winston Churchill ei gwestiynu am

David Davies yn Nhŷ'r Cyffredin, a'i watwar am na fedrodd yr hen fugail gadw at ei air.

Torrodd i mewn i Moreton Hall ger Croesoswallt yn fuan wedyn, a dwyn pedair potelaid o wisgi o'r seler. Daliwyd ef yn Llanymynech a dygwyd ef o flaen ei well yng Nghroesoswallt cyn ei drosglwyddo i'r Amwythig. Roedd Bugail Dartmoor yn adnabyddus trwy'r wlad erbyn hyn, a daeth tyrfa fawr i'w weld. Carcharwyd ef am naw mis ond ni ddangosodd unrhyw edifarhad, er gwaetha'r ffaith fod Gweinidogion y Cabinet wedi trefnu pardwn iddo.

Daeth cyfnod arall o garchar i ben ac aeth y bugail draw am arfordir dwyrain Lloegr. Torrodd i flwch offrwm yn Whitby yn 1913. Daliwyd ef unwaith eto â thros ugain punt yn ei boced, ac ymddangosodd o flaen llys yn Efrog dan enw ffug arall eto fyth – 'James Harrison' – ac i garchar ag ef am ddeuddeng mis.

Erbyn 1915 roedd yn ei ôl yn yr Amwythig, ac o flaen llys unwaith yn rhagor am ladrata o flwch offrwm. Gwnaeth ddatganiad ar ffurf llythyr yn ymddiheuro, gan bledio ei fod yn heneiddio! Gweithiodd y cynllun a chafodd 'wyliau' arall – am chwe wythnos yn unig. Fel arfer, ni chadwodd Deio at ei air a chyn hir roedd yn troseddu mewn eglwys yn Warrington ac mewn capel ger Stockport. Dyma'r unig gofnod a geir ohono'n dwyn o gapel. Troseddodd ddwywaith mewn eglwysi yn Swydd Derby a Swydd Stafford (ble'r ymddangosodd dan yr enw 'Richard Evans'), ac fe'i carcharwyd bob tro.

Daeth yn nes adref a dwyn o eglwysi yng Nghroesoswallt a'r Amwythig. Ymddangosodd o flaen ei well ar ôl lladrad yn West Felton, a'r Arglwydd Harlech yn Brif Ustus yno. Tosturiodd yr Arglwydd wrth yr hen fugail, a'i yrru i'r tloty yn Llanfyllin ar yr amod na throseddai ymhellach. Ofer oedd disgwyl iddo ufuddhau: dygodd o eglwysi Llandrinio a Llanfechain ond ni chafodd ei garcharu, a dychwelodd i'r tloty yn Llanfyllin dan yr un amodau â chynt.

Cafodd meistr y tloty waith iddo ar fferm am gyflog o ddeg swllt yr wythnos a'i gadw. Ond arhosodd o ddim yno, a cherddodd i Congleton yn Swydd Gaer gan ladrata o flwch offrwm mewn eglwys Gatholig yno. Clowyd ef mewn festri eglwys gan ficer ym Macclesfield – chwe mis o garchar unwaith yn rhagor!

Daeth yn ei ôl i'r tloty yn Llanfyllin ac ymddangos o flaen mainc y dref ar 23 Mehefin 1926, wedi'i gyhuddo o ladrata o Eglwys Llanfechain. Dyma'r tro olaf iddo fod o flaen ei well. Dywedodd ei fod yn bedwar ugain a dwy oed, er nad oedd ond saith deg chwech! Er bod digon o dystiolaeth i'w garcharu, tosturiodd y fainc tuag ato a'i ddedfrydu i'r tloty yn hytrach nag i garchar.

Wedi cyfnod o bum deg a chwech o flynyddoedd ar ffo (y rhan fwyaf ohonynt o ddigon wedi'u treulio mewn carchardai), dychwelodd Deio Penllys i dreulio'i ddyddiau olaf yn y tloty ym mro ei febyd. Oherwydd ei fod wedi dianc oddi yno droeon dros y ddwy flynedd flaenorol, ni chaniatawyd iddo wisgo'i esgidiau a rhoddwyd pâr o sliperi lledr iddo. Marciwyd ei ddillad i gyd â stamp y tloty.

Roedd David yn dal i fwynhau gweithio yn y caeau ond ni fedrai ddygymod â'r ffaith ei fod wedi'i gaethiwo i un lle, a bu ar goll fwy nag unwaith er gwaethaf caredigrwydd ei feistr. Daeth Lloyd George a Winston Churchill i ymweld ag ef tra oedd yn y tloty.

Bu farw Bugail Dartmoor ar 2 Ebrill 1929 ar ôl dianc eto fyth o'r tloty yn Llanfyllin. Gwyddai fod meistr y tloty'n sâl, ac i ffwrdd ag ef i lawr y ffordd gefn i gyfeiriad Llanfechain yn ei sliperi lledr. Ni wyddys beth oedd ei gymhelliad.

Sefydlwyd Llys y Crwner yn y tloty ddiwrnod ar ôl ei farwolaeth. Rhingyll yn yr heddlu oedd y cyntaf i roi tystiolaeth. Dywedodd fod dau ddyn wedi'i hysbysu fod dyn wedi marw ar ochr y ffordd ger fferm Pentre Ucha, Llanfechain, heb fod ymhell o Bodynfoel. Aeth y Rhingyll yno a dod o hyd i David Davies yn farw, ond roedd ei gorff yn dal yn gynnes. Doedd dim anafiadau amlwg heblaw crafiad ar ei foch (wedi'i wneud gan ddraenen, o bosib). Yna rhoddodd gŵr meddygol dystiolaeth, a dweud ei fod wedi trin yr ymadawedig yn ddiweddar a bod ganddo fronceitus a ffliw trwm, a bod ei galon yn wan. Dywedodd tyst arall iddo weld y bugail yn y tloty am saith o'r gloch – felly, er gwaetha'i gyflwr, roedd wedi llwyddo i gerdded dwy filltir mewn tua awr a chwarter yn ei sliperi lledr.

Cofnododd y crwner iddo gael trawiad ar y galon, a thalodd deyrnged i'r tloty am eu gofal o'r cyfaill. Gadawodd Bugail Dartmoor ar ei ôl bum swllt, wyth ceiniog a dimai mewn blwch, ynghyd ag oriawr ac ychydig ddarnau o bapur. Ar un ohonynt roedd apêl arall am ei ryddid!

Claddwyd ef ym mynwent gyhoeddus Llanfyllin ar 6 Ebrill 1929, wedi'i gludo yno ar gert fferm. Roedd bron yn bedwar ugain oed. Roedd rhywrai wedi cyfrannu arian i sicrhau y câi gladdedigaeth barchus mewn mynwent gyhoeddus, yn hytrach na mynwent y tloty. A chlywais ddweud fod tri blaenor Wesle yno i dalu'r gymwynas olaf.

Demetrius Owen

Roedd Demetrius Owen yn gefnder i Mynyddog, y bardd o Lanbryn-mair a ysgrifennodd gerddi poblogaidd fel 'Gwnewch Bopeth yn Gymraeg', a geiriau gwreiddiol yr enwog 'Sosban Fach'.

Ganwyd Demetrius yn Rhagfyr 1859 yn y Felin, Tafolwern, Llanbryn-mair, yr ieuengaf o wyth o blant. Cafodd ei addysg hyd at un ar ddeg oed yn ysgol yr Hen Gapel. Roedd ei frawd hŷn, Thomas Owen, mewn busnes groser yn Llundain, ac yn un ar ddeg oed cafodd Demetrius y profiad o fynd i Lundain at ei frawd am chwe wythnos. Tra oedd yno, lletyai gyda'i ewythr yn Blackfriars Road (lle byddai Mynyddog hefyd yn aros ar ei ymweliadau â Llundain).

Ymddiddorai mewn gwaith coed o oedran cynnar. Wedi dod yn ôl i'w fro enedigol aeth i weithio i Randall Jones, melinydd oedd yn arbenigwr ar ei grefft yn ogystal â bod yn fedrus iawn ar gynllunio a gwneud offer mecanyddol i hwyluso gwaith y felin. Ond ni theimlai Demetrius mai yn y felin yr oedd ei ddyfodol ef ac aeth yn ei ôl i Lundain i weithio eto mewn siop groser, y tro hwn gyda brawd arall iddo, Richard Owen ('Afonog'), a hyfforddodd Demetrius yn y cynganeddion.

Er ei fod wrth ei fodd gyda bywyd yn Llundain, roedd Demetrius am ddychwelyd i'w sir enedigol a dyna a wnaeth yn un ar bymtheg oed. Cafodd ei fam waith iddo gyda J. O. Williams, adeiladwr yn nhref Machynlleth, a bu yno'n brentis saer coed am rai blynyddoedd.

Barddoniaeth, darllen, cerddoriaeth a gweithgareddau Capel y Graig (dan weinidogaeth y Parch. Josiah Jones) oedd yn llenwi'i amser sbâr ym Machynlleth. Ceisiodd y Parch. Josiah Jones ei gael i ymuno â'r weinidogaeth, ond gwrthod yn bendant a wnaeth Demetrius. Roedd yn gyfeillgar iawn hefyd â John Thomas, groser ym Machynlleth. Roedd John Thomas yn berchen ar lyfrgell arbennig iawn a châi Demetrius ddefnyddio'r llyfrgell. Daeth hefyd yn aelod o Gôr Machynlleth dan arweiniad David Lewis.

Wedi treulio chwe blynedd ym Machynlleth, penderfynodd ei fod am fynd yn ôl i'w fro am gyfnod. Ceisiodd llawer ei berswadio i aros yn y dref a sefydlu'i fusnes ei hun ond teimlai'n gryf nad oedd yn iawn iddo fynd i fusnes yn y dref mewn cystadleuaeth â'i gyn-gyflogwr.

Nid oedd yn fwriad ganddo aros yn hir yn Nhafolwern ond dechreuodd dderbyn archebion o bob cyfeiriad, a hynny fwy neu lai'n ei orfodi i sefydlu busnes yno.

Yn 1884 y lluniodd ei gadair eisteddfodol gyntaf ar gyfer eisteddfod ym Machynlleth. Wedi hynny gwnaeth ddegau o gadeiriau i eisteddfodau ledled Cymru, a sawl un i wyliau mawr dan nawdd Cymry Llundain a hefyd i eisteddfodau Cymry Awstralia.

Yn fuan wedi iddo gychwyn y busnes yn Llanbryn-mair daeth Syr Watkin Williams-Wynn, ymhlith eraill, i'w weithdy, ac roedd yn llawn edmygedd o waith y crefftwr ifanc. Dri diwrnod yn ddiweddarach daeth neges oddi wrth Syr Watkin yn dweud ei fod wedi cael swydd iddo yng ngweithdy T. H. Kendle yn Warwick. Derbyniodd Demetrius y cynnig, gan werthfawrogi'r profiad o gael gweithio i'r cerfiwr coed a ystyrid y gorau ym Mhrydain ar y pryd. Ar un achlysur cafodd Demetrius y gwaith o wneud dau banel cerfiedig i ystafell yn Ystrad Wynn, Dinbych, a hefyd staer gerfiedig yno.

Yn ystod y cyfnod yma roedd wedi cyflogi person i redeg y busnes yn Llanbryn-mair, a chynigiodd hwnnw brynu'r busnes ond gwrthod a wnaeth Demetrius. Ymhen blwyddyn roedd yn ei ôl eto yn ei fro enedigol, a thrwy hynny mae'n bosibl iddo golli'r cyfle i wneud cerfiadau pren a allai fod wedi'i wneud yn fyd-enwog. Ym Maldwyn y treuliodd weddill ei oes, hyd ei farw yn 1948.

Nid cerfio pren a gwneud dodrefn oedd ei unig ddawn. Fel ei frawd Richard, roedd yn fardd da iawn ac yn llunio cerddi safonol er pan oedd yn ddim ond deuddeg oed. Daeth yn agos at ennill ar draethawd yn ymwneud â Rhyfel y Rhosynnau yn Eisteddfod Genedlaethol Aberhonddu. Roedd yn chwarae'r cornet ym Mand Pres Llanbryn-mair, ac yn organydd, athro Ysgol Sul a chyhoeddwr yn yr Hen Gapel.

Cadair Eisteddfod Llanwnog, o bosibl, yw'r unig gadair eisteddfodol yng Nhymru a enillwyd gan y crefftwr a'i gwnaeth. Mae honno heddiw'n cael lle anrhydeddus yng nghartref gwraig sy'n ddisgynnydd uniongyrchol iddo.

Ym Mro Ddyfi a thu hwnt fe welir hefyd lawer iawn o gypyrddau a dodrefn eraill o'i waith sy'n dal mor urddasol heddiw â'r diwrnod y daethant allan o'i weithdy ymron i ganrif yn ôl.

Thomas Robert Jones ('Jones y Monumental')

Hanai Thomas Robert Jones o Bennal ger Machynlleth. Fel yn achos sawl cymeriad arall yn y gyfrol hon, gelwid ef wrth sawl enw ar wahân i'w enw bedydd – yn eu plith, Jones Bech, T. R. a Jones y Monumental.

Fe'i ganwyd yn 1872. Cafodd ei brentisio'n saer beddfeini mewn gwaith beddfeini yn Nhywyn, Meirionnydd, ond yn ifanc iawn daeth yn bregethwr cynorthwyol hefyd, a phregethai yng nghapeli'r cylch yn ogystal â gwasanaethu fel darllenwr lleyg yn yr eglwysi lleol. Rywbryd yn nechrau'r ugeinfed ganrif daeth i wasanaethu yn Eglwys Sant Ioan, Llanbryn-mair, ac yno y cyfarfu ag Isobel Watson, merch i gipar ar stad Syr Watkin. Syrthiodd y ddau mewn cariad, ac yn ddiweddarach briodi ac ymgartrefu yn Llanbryn-mair.

Yn 1918 sefydlodd Thomas Robert Jones fusnes beddfeini ar ddarn o dir a rentiai ar Iard yr Orsaf yn Llanbryn-mair. Roedd Edfryn, mab ffarm Penybont, wedi prynu moto-beic gan Davies yr Efail yn Llanbryn-mair, ac aeth â'i foto-beic newydd i'r stesion i'w ddangos i T. R. Wedi canmol y beic, meddai T. R. wrtho, 'Trueni na fuaset ti wedi cael seidcar i fynd efo fo.' Eglurodd Edfryn na allai fforddio prynu un, ac meddai T. R. wrtho, 'Perswadia di dy fam i werthu darn o dir i mi yr ochor draw i'r ffordd yn y fan yna, a mi bryna i seidcar iti.' Ac felly y bu. Symudwyd y busnes beddfeini i ganol y darn tir yma, ac yn ddiweddarach cododd yntau garej ar y naill ochor ac adeilad i werthu blawd i'r ffermwyr yr ochor arall. Mae'r busnesau'n dal yno – wn i ddim faint barodd y seidcar.

Gwerthodd y busnes beddfeini yn 1938. Flynyddoedd yn ddiweddarach, wrth ddatblygu'r busnes a chodi gweithdy newydd, darganfuwyd un o hen lyfrau cownts Jones Bech y Monumental, un o'r llyfrau hynny lle gellir rhoi tudalen las rhwng dwy dudalen a chadw'r ail fel copi – a diddorol iawn yw ei gynnwys.

Dyma un enghraifft (heb ymyrryd gormod ar y sillafu!) o'r llu o rai tebyg oedd yn y llyfr, gan gofio fod T. R. Jones yn dal i bregethu yng nghapeli ac eglwysi cylch eang erbyn hyn:

T. R. JONES
Monumental Sculptor
Llanbrynmair, Montgomeryshire.

Mrs. Jones,
Fferm y Blowty,
Llangadfan.

Annwyl Mrs. Jones,

Fel y gwyddoch mae yn debyg roeddwn yn gwasanaethu y Sul diwethaf yng Nghapel Llangadfan, ac fe gefais hi yn annodd iawn i gynnal y gwasanaeth gan fod y sedd yr oedd yn cael ei llanwi mor urddasol gan eich diweddar briod bellach yn wag.

Cofiwn yn iawn am ei gyfraniad clodwyw i fywyd

Crefyddol a Chymdeithasol y fro am gymaint o flynyddodd. Mae y golled yn enfawr ar ei ôl ac annodd iawn fydd llanw y bwlch a adawyd ar ei ôl.

Maddeuwch fy hyfdra ond y mae gennyf un gofeb yma ar fy Iard yn Llanbrynmair fyddai yn deilwng i goffau eich priod, ac yn anffodus nid yw yn bosibl cael un arall fel hon. Gofid mawr i mi fyddai pe tai chi yn dod yma i moen am gofeb a minnau wedi ei gwerthu i rhywun arall.

Yr eiddoch yn gywir,
T. R. Jones.

Yna llythyr arall . . .

T. R. JONES
Monumental Sculptor
Llanbrynmair, Montgomeryshire.

William Macay,
Granite Merchants,
Aberdeen.

Dear Sirs,
Please supply me with a Memorial to design No. WM 237 with the following inscription engraved on the memorial:

ER COF ANNWYL

AM

JOHN JONES

FFERM Y BLOWTY, LLANGADFAN.

. . . and please send the memorial to Welshpool Railway Station, where it will be collected by me.

Yours Truly,
T. R. Jones

Ymhellach ymlaen, ceir y llythyr yma:

T. R. JONES
Monumental Sculptor
Llanbrynmair, Montgomeryshire.

Mrs. Jones,
Fferm y Blowty,
Llangadfan.

Annwyl Mrs. Jones,

Erbyn hyn rwyf wedi llythrenni y gofeb ar gyfer bedd eich diweddar briod ac yn ei anfon gyda tren o Lanbrynmair ir Orsaf yn y Trallwm.

Gobeithiaf yn fawr ddod draw dydd Llun nesaf ac aros nos Lun gyda chwi a gosod y gofeb yn y fynwent dydd Mawrth.

Hyderaf yn fawr hefyd y bydd yn bosibl ir bechgyn fynd a cheffyl a chert i gasglu'r gofeb or Trallwm Dydd Llun i Fynwent Llangadfan.

Gyda llawer o ddiolch,
Yr eiddoch yn gywir,
T. R. Jones.

Nid rhywbeth newydd ym myd busnes yw'r ddawn o farchnata!

Llewelyn Morris Humphreys ('Murray the Hump')

LLUN: CHICAGO SUN-TIMES

Yn ystod ei oes, rhoddwyd sawl enw gwahanol i'r cymeriad amheus yma: 'Murray the Hump', 'the Camel', 'Curly', 'The Hump', 'Mr Einstein', 'Mr Moneybags', 'The Brainy Hood' a llawer un arall!

Bydd unrhyw sy'n ymchwilio i hanes y gwron yn sylweddoli'n fuan iawn fod llawer o ffeithiau sy'n croesddweud ei gilydd wedi'u hysgrifennu amdano. Fedraf i, felly, ddim ond adrodd yr hyn a welais ac a glywais – gan wybod, hyd yn oed os nad yw popeth a ddarllenwch isod yn wir, y byddwch o leiaf wedi cael enw arall ar wahân i un Laura Ashley i gysylltu Carno ag o!

Bryan Humphreys o Castell, Carno, oedd ei dad, a merch John Wigley, Rhosgoch, Llanbryn-mair, oedd Ann Wigley ei fam.

Castell, Carno

Ymfudodd y ddau i America yn 1889, yn syth ar ôl priodi, ac ymgartrefu yn Racine yn Wisconsin, oherwydd fod cefnder Ann, David Painter Wigley, yn ddyn busnes llwyddiannus yno. Mae'r adeilad sy'n cario ei enw – D. P. Wigley – yn dal yno.

Roedd ugain y cant o boblogaeth Racine yn siarad Cymraeg ar y pryd, a bu'r teulu yno am ryw ddeunaw mis cyn symud i Chicago. Does neb yn siŵr pam y gadawon nhw gymdeithas barchus, Gymreig, Racine am y ddinas fawr, ond mae'n debyg fod gan Bryan wendid am yfed a gamblo. Roedd ganddo swydd eithaf da yn Chicago ar y dechrau, ond collodd honno (unwaith eto, does neb yn siŵr pam!), a gorfod symud i ardal dlotach o'r ddinas yn Clark Street.

Ganwyd Llewelyn yn 1899, y trydydd o'u pum plentyn. Oherwydd tlodi'r teulu, gadawodd Llewelyn yr ysgol yn saith oed a mynd i werthu papurau newydd ar y strydoedd yn Chicago; yn y cyfnod yma y cafodd yr enw 'Curly' oherwydd ei wallt tywyll cyrliog. Ni fu'n hir cyn dechrau cysylltu â gangiau stryd Chicago, a dechrau lladrata yn hytrach na gwerthu papurau newydd. Pan oedd yn dair ar ddeg oed daeth i sylw'r Barnwr Jack Murray a welodd fod gallu yn y plentyn a'i gymryd dan ei adain. Dywedir i'r barnwr hwn geisio'i gael i ymddiddori mewn gyrfa yn y gyfraith, ond am ryw reswm doedd hynny ddim yn apelio at Llewelyn! Serch hynny, profodd y gwersi a gafodd gan y Barnwr Murray'n werthfawr iawn iddo yn nes ymlaen. Dyma'r adeg y newidiodd ei enw i Murray Humphreys.

Yn y blynyddoedd dilynol cafodd ei gysylltu â llawer achos o fwrgleriaeth, a sawl lladrad o emau gwerthfawr. Erbyn ei fod yn un ar bymtheg oed roedd yn wynebu dedfryd drom iawn, ond perswadiodd Murray heddwas allweddol i leihau'r cyhuddiad yn ei erbyn. Gwnaeth fargen fel hyn (er nad yn Gymraeg yn wreiddiol, wrth gwrs!):

'Os ceisiwch gael cyhuddiad yn fy erbyn o anfadwaith a bwrgleriaeth, fe fyddaf yn torri i lawr i grio yn y llys o flaen y rheithgor, a bydd y rheiny, oherwydd nad wyf ond yn un ar bymtheg oed, yn anfodlon fy nghyhuddo. A hyd yn oed os ewch chi â fi i'r llys am anfadwaith a bwrgleriaeth, byddant yn erbyn fy ngharcharu oherwydd fy oedran. Byddai'n well i chi ddod â chyhuddiad o fân ladrad yn fy erbyn, ac yna fe blediaf yn euog a chaf ddedfryd lawer llai. Bydd hyn yn golygu hefyd y byddwch *chi*'n llwyddo yn yr achos oherwydd, os cytunwch i wneud hyn, bydd rhodd werthfawr yn dod ichi.'

Oriawr ddrud iawn mewn amlen frown oedd y rhodd honno!

Wedi gadael y carchar, daliodd i fyw bywyd o droseddu, dwyn gemau gwerthfawr a bwrgleriaeth. Erbyn 1921 roedd iddo le sicr ym mrawdoliaeth yr *underworld*. Ond aeth pethau'n flêr, a bu'n rhaid iddo adael Chicago a mynd i fyw at ei frawd yn Little Axe, Oklahoma.

Cymerodd swydd yno'n gwerthu nwyddau o ddrws i ddrws. Yno hefyd fe gyfarfu â merch ifanc o'r enw Mary Brendle – myfyrwraig o Norman, Oklahoma – ac wedi carwriaeth fer, priododd y ddau. Ymhen amser, pan dybiai fod yr helynt a'i gyrrodd o Chicago wedi tawelu, symudodd yn ei ôl yno gyda'i wraig, gyda'r bwriad o fyw bywyd hollol naturiol a chyfreithlon. Cafodd swydd fel cogydd mewn tŷ bwyta, ond byr fu'r cyfnod cyfreithlon gan i Murray gwrdd â Fred Evans yn y tŷ bwyta un noson.

Roedd Fred Evans yn ŵr academaidd a gawsai addysg coleg ond, yn bwysicach i Murray, roedd yn gangstyr a chwiliai am bartner i dorri i mewn i fyd dwyn gwirodydd gwerthfawr oddi ar gangiau 'bootleg' y ddinas. Cafodd Fred bartner wrth ei fodd, a dyna fu'r ddau'n ei wneud am sawl blwyddyn. Yna, un noson, dyma Murray'n 'heijacio' gwirodydd oedd yn perthyn i Al Capone. Wedi i yrrwr y cerbyd ei adnabod (roedd Murray wedi dal gwn yn ei wyneb), cafodd ei ddal gan aelodau o gang Al Capone a'i ddwyn at y meistr ei hun. Gwnaeth Murray gymaint o argraff ar Al Capone nes iddo'i dderbyn yn aelod o'i gang. Mae'n debyg i Al Capone ddweud amdano fel hyn, 'Nobody hustles like the Hump!' Erbyn ei fod yn saith ar hugain oed, Murray oedd yn gyfrifol am y cynllwynio ym mob Al

Capone, a dywedir ei fod wedi lladd rhai yn y cyfnod yma hefyd.

O ddiwedd y dauddegau i ddechrau'r tridegau dywedir iddo fod yn un o'r mobstyrs a gynllwyniodd i gymryd drosodd undebau llafur Chicago. Mae'n debygol iawn iddo hefyd fod â rhan yn 'Lladdfa Dydd San Ffolant', pan aeth hi'n frwydr farwol (yn llythrennol) rhwng dwy gang. Yn wir, yn 1933, a Capone ei hun yn y carchar am droseddau'n ymwneud â threth incwm, cyfeiriodd prif archwiliwr swyddfa'r State Attorney at Murray Humphreys fel 'Public Enemy Number One'. Cyfeirio yn y fath fodd at un â'i wreiddiau ym *Maldwyn*, meddyliwch!

Llun papur newydd o Murray (yn ei bumdegau) yn ymddangos fel hen ŵr musgrell o flaen y Federal Grand Jury yn Chicago er mwyn ennyn eu cydymdeimlad – ac, yn ôl yr hanes, yn llwyddo!

Aeth o un anfadwaith i'r llall rhwng hynny a'r pumdegau, gan dyfu'n raddol yn brif sgemiwr yr 'Outfit' (fel y gelwid y syndicet o ddrwgweithredwyr). Mae'n debyg iddo chwarae rhan flaenllaw yn llwyddiant y Mob i lygru'r diwydiant ffilmiau yng Nghaliffornia trwy ddefnyddio'i rym efo'r undebau, a fo hefyd lwyddodd i greu Las Vegas fel canolfan gamblo drwy lwgrwobrwyo un o'r seneddwyr i newid y ddeddf i ganiatáu gamblo yno – a pha syndod ei fod wedyn yn rhannol berchen ar un o westai gamblo mwya'r ddinas?

Yn ôl yr FBI, Murray oedd y cyntaf i berswadio'r Mob i ddefnyddio'r 'Fifth Amendment plea', sef gwrthod rhoi tystiolaeth yn y llys rhag ofn i'w geiriau gael eu defnyddio yn eu herbyn, a thrwy hynny osgoi cael eu dedfrydu!

Ond dyma'r stori orau o ddigon: pan oedd etholiadau arlywyddol America yn cael eu cynnal yn 1952, cynhaliwyd cyfarfod rhwng aelodau'r Mob – gyda Murray'n llywyddu – i benderfynu pwy fyddai'r Mob yn eu cefnogi. Roedden nhw wastad wedi cefnogi'r Democratiaid ond doedden nhw ddim mor siŵr y tro hwn. Hanner ffordd drwy'r cyfarfod, daeth Llewella, merch Murray, â diodydd i mewn ar gyfer y dwsin oedd yno. Gofynnwyd iddi beth roedd hi'n ei feddwl o'r Cadfridog Eisenhower, ymgeisydd y Gweriniaethwyr. Dywedodd Llewella y byddai hi, pe bai ganddi bleidlais, yn cefnogi Eisenhower.

'Gee, thank you, young lady,' meddai llais anghyfarwydd o'r tu ôl iddi. Trodd rownd a phwy oedd yno ond Eisenhower ei hun! Yno i wneud dêl efo'r Mob, tybed? Wel, mae pawb yn gwybod pwy ddaeth yn Arlywydd wedi hynny . . .

Ond ar waetha'r cwbwl, dywedir fod Murray'n ŵr caredig iawn – yn rhoi arian, bwyd a nwyddau i'r tlodion, ac yn arbennig felly ar adeg y Nadolig.

Yn 1958, flwyddyn ar ôl i'w wraig gyntaf ei ysgaru, priododd ei feistres, Jeanne Stacy, ond yn fuan iawn daeth yn ôl yn gyfeillgar â'i gyn-wraig. Yn 1964 bu Murray a'i gyn-wraig a'u merch Llewella yn teithio Ewrop gan ymweld â Phrydain, a mynd o gwmpas sir Drefaldwyn hefyd.

Un noson yn 1965, cafwyd hyd i Llewelyn Morris Humphreys yn farw – ac fel y gallech ddisgwyl, roedd amgylchiadau ei farwolaeth yr un mor amheus ag y bu ei fywyd.

Ond wyddoch chi pwy sy'n perthyn i 'Murray the Hump'? Neb llai na Dafydd Wigley, cofiwch! Roedd Joshua Wigley, Hirnant, Llanbryn-mair (1768–1840), yn hen hen daid i'r ddau ohonynt.

Richard Hughes

Fel yr awgryma'r enw, Pennant Uchaf yw'r fferm olaf ym mlaen Cwm Pennant, Llanbryn-mair. Yno roedd Richard Hughes (1828–1906) yn amaethu. Yn y cyfnod hwnnw, go brin y buasai ef a'i debyg wedi cael addysg ffurfiol; roedd yn werinwr o'r iawn ryw.

Dywedir ar lafar gwlad fod merch ifanc un ar hugain oed yn byw ym mhentref Dylife, pentref oedd yn enwog am ei fwyngloddio yn y cyfnod yma. Roedd poblogaeth uchel iawn yno ar y pryd, ond erbyn heddiw nid oes yno fwy nag ychydig o dai a llu o adfeilion. Roedd y ferch hon yn wael iawn ei hiechyd a dywedodd Dr Edwards, y meddyg lleol, na fedrai wneud dim mwy i'w gwella. Soniodd y meddyg wrth y teulu fod yna arbenigwr yn yr Amwythig a allai, efallai, wneud rhywbeth i'w helpu, ond roedd y gŵr hwnnw eisiau tâl o bum gini am ddod i Dylife i'w gweld. Roedd pum gini yn y cyfnod yma yn fwy na chyflog blwyddyn i weithiwr yn y gwaith mwyn, ond rywfodd neu'i gilydd llwyddwyd i gasglu'r arian a daeth yr arbenigwr i'w gweld. Y cyfan a wnaeth oedd ysgwyd ei ben, dweud nad oedd dim y gallai ei wneud, derbyn ei bum gini a throi'n ôl am yr Amwythig.

Clywodd Richard Hughes am hyn ac fe gerddodd o dan graig y Pennant ar hyd llwybr Sgeirw i Dylife i ymweld â'r ferch glaf. Cynigiodd wneud meddyginiaeth iddi, a derbyniodd y teulu ei gynnig. Yn fuan, fe drodd y ferch ar wella. Bu'n ymweld â hi a rhoi iddi ei feddyginiaeth am tua chwe mis, ac erbyn hynny roedd hi'n holliach. Wedi hyn roedd Richard Hughes yn cael ei alw'n rheolaidd at gleifion y fro; yntau'n paratoi meddyginiaeth ar eu cyfer, a bron yn ddieithriad byddai gwellhad.

Ar garreg ei fedd ef a'i briod Sarah ym mynwent Eglwys y Llan, Llanbryn-mair, mae'r arysgrif ganlynol:

. . . HEFYD AM YR UCHOD

RICHARD HUGHES

FU FARW MAI 9, 1906

YN 78 ML^{DD} OED

42

AR DYWARCHEN LAS EI FEDDROD
WYLO'N HALLT FYN HIRAETH PUR;
MEDDYG GWERIN ORWEDD YMA,
UN FU BYW I LEDDFU CUR.
ÂI YN FODDLON HEB EI DALU
AT Y TEULU CYFYNG, TRIST;
ROEDD GAN DLAWD Y FRO DDAU FEDDYG,
RICHARD HUGHES AC IESU GRIST.

Y tebyg yw mai hon yw'r unig enghraifft o feddargraff sy'n cymharu'r ymadawedig yn uniongyrchol â Iesu Grist. Ni allaf, wrth reswm, brofi hynny ond ni welais i, na chlywed, erioed am yr un arall.

Gofaint Efail y Wig

'Ymhlith holl grefftwyr y byd gorllewinol, diau gennyf y dylid rhoi'r lle amlycaf i'r gof. Ychydig ohonom efallai a sylweddolodd ran mor bwysig a gymerth haearn yn hanes datblygiad dyn.'

Yn llyfr Iorwerth C. Peate, *Y Crefftwr yng Nghymru,* y gwelir y geiriau yna. Do, bu'r gofaint yn bobl bwysig iawn yng nghefn gwlad ers cenedlaethau, ond bellach diflannodd y mwyafrif ohonynt gan adael yr efail a fu unwaith yn gyrchfan bwysig i'r gymdeithas wledig yn fud a gwag.

Dyna a ddigwyddodd yn Efail y Wig, Pontrobert. Mae llawer o hanes yn perthyn i'r fan honno sydd bellach yn gartref i Mrs Gwennie Evans, merch y gof olaf a fu yno.

Gelwid Efail y Wig (neu Efail Newydd ar rai dogfennau o'r pedwardegau) yn Efail Daniel ar lafar. Cyfeiria hynny at Daniel Thomas, y gof cyntaf a gafodd ei eni yn ardal Cyfronydd yn 1842, cyn symud i fod yn of yn Efail y Wig yn 1862. Roedd Daniel yn briod â Mary, a ganwyd iddynt wyth o blant cyn iddi hi farw'n dri deg saith oed. Bu ef ei hun farw'n hen ŵr yn 1930.

Roedd Pryce Thomas, a anwyd yn 1873, yn of gyda'i dad yn yr efail. Priododd â Ruth Roberts, merch Penbelan, Llanfair; cafodd y cwpwl yma hefyd wyth o blant, a'r hynaf ohonynt oedd William Thomas, sef gof olaf Efail y Wig y cyfeiriais ato uchod.

Priododd William Thomas â Sally Jones o Ddyffryn Banwy yn wreiddiol, cyn iddi dreulio llawer blwyddyn yn gweini yn Llundain. Yn dilyn y briodas yn 1923 symudodd y ddau i Clay Cross, Derbyshire, lle bu William Thomas yn of i deulu'r Jackson, stad Dolanog. Yno cafodd y profiad o bedoli llawer iawn o ferlod i lawr yng nghrombil y pyllau glo. Yno hefyd yn Clay Cross y ganwyd eu dau blentyn, Gwennie a Gwilym.

William Thomas y gof wrth ei waith

Dychwelodd y teulu'n ôl i Gymru yn 1939, a bu William Thomas yn of ym Mhontrobert cyn dychwelyd i Efail y Wig i gynorthwyo'i dad yn 1942.

Nid pedoli ceffylau yn unig oedd gwaith gof, wrth gwrs. Gwelir isod ddetholiad o gofnodion William Thomas o'i waith yn 1940, ynghyd â phrisiau:

Bob, Llety — 6 new shoes 10/–
Jones, Coedcowrhyd — 1 shoe removed 1/3, new
                                      pin for horserake 9d
T. J. Morris — 2 new files 3/6
Jones, Glanhafes — new scythe 10/6
Evans, Penffordd — new axle in barrow wheel 2/6
Griffiths, Penbryn — new handle in saucepan 1/6
Jervis — solder can 4d, fasten tab on bucket 3d,
            new churn hoop 1/6
Davies, Rhos Fawr — repair bull chain 1/3
Wood, Garth Fach — 1½ pints of linseed oil 1/6

Roedd y gof yn gofalu am drwsio pob math o offer a dynnid gan y ceffylau gwedd, yn ogystal â'r offer llaw llai.

Prynid y rhan fwyaf o'r deunydd crai gan W. H. Lacon & Co o Groesoswallt. Diddorol hefyd yw'r bil o hen felin goed Dolanog, sef pum swllt am gafn derw i fwydo moch. Prynid y glo mân (neu'r 'breezes') i boethi'r haearn gan W. D. Peate & Sons, Llanfair, a chludid y glo i'r efail mewn lorri.

Un o orchwylion pwysica'r gof gwlad yn y gorffennol fyddai cylchu olwynion ar ran seiri olwynion lleol. Trigai un o'r crefftwyr hyn, John Davies, yng Nghae Eithin, Dolanog, heb fod ymhell o Efail y Wig. Roedd yn grefft arbennig i wneud olwyn gyda'r both yn y canol o goed llwyfen, y breichiau o dderw, a'r camogau o onnen, ac roedd Mr Davies yn feistr arni yn ôl a glywais gan Maurice Evans, Tynrhos.

Nid oedd y gofaint yn weldio yn y dyddiau hynny. Poethent ddau ddarn o haearn nes oeddynt wedi troi'n lliw arbennig ac yna'u pwnio gyda'i gilydd i'w hasio. Roedd lliw y metel poeth yn bwysig iawn i'r gof er mwyn iddo allu trin yr haearn yn effeithiol. Byddai'n rhaid chwythu'r tân â'r fegin fawr i gael gwres digonol. Ond nid yw Mrs Gwennie Evans yn cofio'i thad na'i thaid yn cael anafiadau difrifol o ganlyniad i losgiadau dros yr holl flynyddoedd.

Ni ddeuai'r ceffylau i mewn i'r gweithdy i gael eu pedoli – gwneid hynny yn y pentis, sef gweithdy bychan y drws nesaf i weithdy'r gof. Nid oedd unrhyw gelfi yn y fan honno, a daliai'r perchennog neu'r gwas ben y ceffyl wrth i'r gof weithio arno. Roedd rhai ceffylau ifanc yn anodd i'w rheoli ond roedd profiad y gof yn eu tawelu. Cofia Maurice Evans, Tynrhos, godi coesau'r ceffylau er mwyn i Pryce Thomas eu pedoli gan fod yr hen of yn ei gwman ar ôl oes o drin ceffylau.

Fyddai'r gof ddim yn rhoi pedolau newydd ar y ceffylau bob amser: weithiau, byddai'n tynnu'r bedol cyn torri'r carn (fel y torrwn ni'n hewinedd) ac yna'n ei hailosod os nad oedd wedi treulio. Rhoddid hoelion arbennig yn y pedolau yn y gaeaf; adwaenid y rhain fel hoelion rhew neu hoelion iâ. Rhoddai'r rhain well gafael i'r ceffylau ar dir caled, llithrig.

Roedd yr efail yn lle pwysig iawn yn gymdeithasol, a chyrchai ffermwyr a gweision yno o ardal eang. Gweithiai'r gof oriau hirion o fore gwyn tan nos, a byddai yn llewys ei grys waeth pa mor oer fyddai'r tywydd. Mae'n siŵr fod Efail y Wig yn lle difyr tu hwnt ar ddiwrnod gwlyb, a mwy nag arfer wedi dod â'u ceffylau yno i'w pedoli gan ei bod yn rhy wlyb i weithio'r tir, a sŵn y sgwrsio'n gymysg â morthwylio'r gof.

Claddwyd William Thomas, y gof olaf, ym mynwent Llangynyw yn 1985, yn ymyl ei dad a'i daid. Bu'r efail yn segur ers hynny, a Gwennie Evans bellach yn byw yno wrthi'i hun ar ôl claddu'i gŵr.

Cludwyd y ddwy einion o'r efail i Sain Ffagan yn ystod haf 1997. Roedd un ohonynt yn anghyffredin iawn oherwydd fod ganddi ddwy big, ac mewn twll sgwâr yn yr einion fawr roedd einion fechan o waith William Thomas ei hun.

Yn sicr, mae i Efail Daniel le pwysig iawn yn hanes yr ardal. Bu tinc y morthwyl i'w glywed ar einion Efail y Wig am dros ganrif, ond bellach mae'r hen grefft a oedd unwaith mor bwysig yng nghefn gwlad wedi diflannu bron yn llwyr.

Credaf fod englyn tîm Ymryson y Beirdd Sir Aberteifi yn dweud y cyfan:

> Y gêr dan rwd seguryd – a'r taw hir
> Lle bu'r taro diwyd.
> A wêl fedd a gefail fud
> A wêl fedd hen gelfyddyd.

Crwydriaid

Roedd diddordeb mawr gan fy nhad yn y bobol yma. Byddent yn galw'n rheolaidd yn fy nghartref yn Llanbryn-mair pan oeddwn yn blentyn ac yn llanc ym mhedwardegau a phumdegau'r ganrif ddiwethaf. Roeddynt yn rhan annatod o fywyd ein bro ni fel pob bro arall yng Nghymru y cyfnod hwnnw.

Filltir a hanner o Lanbryn-mair roedd sgubor ar ochor y ffordd lle byddent yn aros dros nos. Eu henw nhw ar y sgubor oedd y 'Nine Miler' gan ei bod naw milltir o dref Machynlleth. Yn aml iawn byddai fy nhad a minnau'n mynd â the a brechdan i'r sgubor fin nos a chael sgwrs efo nhw. Cyfeiriai nifer ohonynt atynt eu hunain fel pobol oedd wedi bod mewn swyddi da. Wel, dyna ddyweden nhw.

Dyma rai o'r cymeriadau fyddai'n galw'n rheolaidd yn ein tŷ ni:

Dowlais the Liar

Un o Ddowlais ger Merthyr yn wreiddiol oedd 'the Liar'. Roedd straeon hwn mor amlwg yn gelwydd. Dyna pam y byddai'r crwydriaid eraill yn ei alw wrth yr enw, mwy na thebyg – ond nid yn ei wyneb! Byddai ei orffennol a'i swyddi a'i straeon yn newid bob tro y galwai acw. Un tro byddai wedi bod yn athro, dro arall yn feddyg, a hyd yn oed yn gyfreithiwr ambell waith. Roedd ei ddychymyg yn rhoi rhyw statws iddo yn ei feddwl ei hun, er gwaethaf ei sefyllfa.

John Francis Fitzgerald

Gwyddel oedd yn cael ei adnabod gan bawb fel 'Y Tramp Duwiol'. Gŵr bonheddig o ddyn oedd wedi gadael 'bywyd arferol' i fod yn Weinidog yr Efengyl ymysg y crwydriaid. Roedd ganddo bedair ar ddeg o allorau ar hyd y lle, a byddai ei daith yn mynd â fo o un i'r llall ohonynt. Roedd un mewn cilfach o graig rhwng Machynlleth a Phennal, un arall ger Carreg y Big ym Mhenffordd-las heb fod ymhell o Lanidloes. Ni wn leoliad y gweddill gan eu bod ymhell o'm cynefin.

Cariai Feibl a oedd yn werth ei weld, a'i sylwadau ef wedi'u hysgrifennu arno ym mhob man yr oedd lle i ysgrifen. Ar yr wyneb-ddalen mae cofnod iddo gael y Beibl gan Esgob Bangor yn Ionawr 1942.

Byddai'n galw'n gyson gyda Doctor Llewelyn ab Ifan Davies a Mrs Davies yn Abertwymyn, Cemmaes Road, ac fe ysgrifennai'n aml at Mrs Davies gan gyfeirio at ei deithiau. Cychwynnai bob llythyr gyda'r geiriau 'My Dear Lady', ac yna cloi'r llythyr gyda'r geiriau 'Your Fellow Traveller and Suffering Servant'. Tua diwedd ei oes rhoddodd y Beibl i Mrs Davies, ac ar hyn o bryd mae ym meddiant y Parchedig W. J. Edwards, Bow Street, a bydd yn mynd yn derfynol i'r Llyfrgell Genedlaethol.

Bu fy mam yn bur wael am gyfnod hir, a chofiaf yn dda amdano'n gweddïo wrth ei gwely am wellhad iddi.

Ni fyddai'n barod i dderbyn dim bwyd i fynd efo fo – dim ond yr hyn roedd ei angen arno ar y pryd. Dywedai y byddai ei Greawdwr yn paratoi ei bryd nesaf.

Bu farw Fitzgerald yn Ysbyty Morda ger Croesoswallt. Cofiaf yn dda fynd gyda'm rhieni i'w weld yno yn ystod wythnosau olaf ei fywyd. Syndod oedd ei weld bryd hynny'n edrych o leiaf ugain mlynedd yn iau nag yr edrychai pan fyddai'n crwydro.

Beibl 'Y Tramp Duwiol'

Ivor Wood

Am gyfnod hir, bu Ivor Wood yn crwydro gyda'i fam. Roeddent yn hanu o deulu o sipsiwn – yn debygol iawn o deulu Abram Wood. Gŵr hollol anllythrennog, a fawr o ddiddordeb ganddo mewn dim. Byddai'n gwneud pegiau dillad wrth nant heb fod ymhell o'r Nine Miler, a'i fam yn eu gwerthu yn y pentrefi. Yn ôl yr hanes, yn fuan ar ôl marwolaeth ei fam cyflawnodd hunanladdiad rywle yn Swydd Henffordd.

Ifan Edwards

Cymro Cymraeg oedd Ifan; gogleddwr a chymeriad arbennig iawn. Byddai'n mynd o fferm i fferm i weithio gan dreulio rhyw fis neu well ar fferm a chysgu yn y tŷ gwair, ac yna'n sydyn, dros nos, diflannai a symud i fferm arall am gyfnod. Roedd ei gylchdaith yn gyfyngedig i Fro Ddyfi a Bro Dysynni.

Ifan Edwards (neu Ifan Dew, fel y'i gelwid)
yw'r gŵr sydd yn y cefndir

Cofiaf glywed am gwrdd gweddi yng Nghapel Pandy, Llanbryn-mair, ac Ifan Edwards yn cymryd rhan. Yn ystod ei weddi, dywedodd:

'Diolch i Ti, Arglwydd mawr, am y nos. Oni bai am y nos, byddai'r hen ffarmwrs yma eisiau i ni weithio rownd y cloc.'

Bu farw yn Ysbyty Minffordd, Penrhyndeudraeth.

John Duffy ('Paddy')

Gwyddel a oedd yn crwydro hefo hen bram i gludo'i holl feddiant, a'i gylch ym mlynyddoedd olaf ei oes yn gyfyngedig i ddalgylch Machynlleth a Llanidloes. Ein busnes ni fel teulu oedd gwneud beddfeini yn Llanbryn-mair, a threuliai John Duffy lawer iawn o amser yn y gweithdy.

John Duffy'n gafael yn dynn yn ei bram

Un tro, wedi cychwyn gweithio darn o lechfaen, darganfuwyd fod peth nam arni a rhoddwyd hi o'r neilltu. Meddai John Duffy, 'You can use that on my grave'. O fewn y flwyddyn fe'i cafwyd yn farw yn y Nine Miler, ac fe'i claddwyd ym mynwent Machynlleth. Fe wnaethom ninnau'r gofeb a'i gosod ar ei fedd, ac arni'r geiriau:

THE END OF THE ROAD

FOR

JOHN DUFFY (PADDY)

THE HAPPY WANDERER OF THE DYFI VALLEY

WHO DIED SEPT 5, 1959

AGED ABOUT 64

Heb gartre, heb le, di-blwy – y buost,
    Yn byw ar gynhorthwy.
    Rhodiaist yn gymeradwy;
    Cerddwr mawr – cei'r ddaear mwy.

Mae'r englyn o waith fy nhad, Idris ap Harri.

Cerrig o sgubor y 'Nine Miler' yw sylfaen y bedd,
a chippings *ffordd sydd ar ei wyneb*

Bill Johnston

Gŵr o Southampton oedd o; crefftwr arbennig nad oedd am ddatgelu dim o'i gefndir.

Fe'i derbyniwyd i weithio yn ein busnes ni, a throwyd llofft y gweithdy yn fath o fflat iddo. Ymhen rhyw dri mis cafodd fy nhad dŷ bach ar rent iddo yn y pentref, a Nhad yn teimlo'n falch ei fod wedi llwyddo i'w gael oddi ar y ffordd ac yn ôl i gartref sefydlog.

Cyn symud i'r tŷ daeth Bill i'n tŷ ni un noson a datgelu ei gefndir, a dweud ei fod am fynd i ffwrdd. Roedd wedi bod yn garcharor rhyfel ac wedi cael amser caled. Wedi'r rhyfel daethai'n ôl i ganolfan rywle yn Ffrainc i wella a chryfhau, ac yna'n ôl i'w gartref yn Southampton. Ond yno darganfu fod ei gartref wedi'i ddinistrio, a'i wraig a'i ddwy ferch wedi'u lladd yn y *blitz*. Penderfynodd mai'r unig ffordd y gallai fyw heb roi ceiniog o dreth i'r llywodraeth (honno oedd yn cael y bai ganddo am ei sefyllfa, am ei orfodi i fynd i ryfel yn y lle cyntaf) oedd byw fel crwydryn, gan y byddai sefydlogi mewn tŷ yn gwneud hynny'n amhosibl.

Felly gwrthododd y tŷ, a symud ymlaen.

Stark ('The Uncrowned King of the Road')

Dim ond unwaith y byddai hwn yn cerdded ar hyd yr un ffordd, ac felly dim ond unwaith y bu yn ein tŷ ni. Gŵr gwalltgoch ecsentrig iawn, ond dyn diddorol dros ben. Mae gennyf lun o Stark yn rhywle ond ni allaf roi fy llaw arno ar hyn o bryd – llun ohono efo fy nhad, ynghyd â llythyr a anfonodd wedyn i ddiolch am y croeso a gawsai.

* * *

Mae'n debyg fod had rhedyn yn un o'r hadau hynny na

wnaiff yr un aderyn nac anifail ei fwyta. Mae hefyd yn hawdd ei gael trwy dynnu dwrn caeedig ar hyd y rhedynen. Byddai'r crwydriaid yn casglu'r had hwn a'i gario yn eu poced. Os caent groeso mewn tŷ, byddent yn gollwng yr had yn nannedd y *chippings* wrth fynedfa'r tŷ fel bod y crwydryn nesaf yn gwybod bod croeso i'w gael yno. Ar y llaw arall, os nad oedd croeso neu bod ci peryglus yno, byddent yn rhoi cwlwm ar wialen gollen yn y gwrych wrth y fynedfa.

Teulu Cwmpen a Taid

Mae cloch yr ysgol wedi atseinio am y tro olaf – wel, y tro olaf am tua chwe wythnos, o leiaf – a'r gwyliau hirddisgwyliedig wedi cyrraedd. Chwe wythnos ddi-syms, ddi-waith-cartref, ddibryder; chwe wythnos o haf hirfelyn tesog, a'm meddwl innau'n un â'r wybren las ddigwmwl.

Rhoi'r *Daily Post* o siop Mrs Jones yn saff ar garier y beic, ac adref â mi am de. Mae car diarth wrth y tŷ – car y doctor. Doctor Wali mae pobol fawr yn ei alw ond Doctor Jones ydi o i ni'r plant. Oes rhywun yn sâl, tybed, neu a ydi o wedi galw i gael sgwrs â Dad?

'Helô, Mam – ydi popeth yn iawn?'

'Mae Taid yn sâl.'

'Be sy'n bod?'

'Fydd o'n well fory, siŵr o fod.'

Mae Taid a fi'n ffrindie mawr, er ei fod o'n saith deg tri a finnau ond naw oed. Mae o'n gwneud teganau pren i mi, ac yn adrodd hanesion am yr adeg pan oedd o'n hogyn bach efo'i dad a'i fam ar fferm yng Nghwm Maethlon, Sir Feirionnydd. Mi fydda i'n amau weithiau nad ydi popeth mae o'n ei ddweud yn wir; dydi pethau ddim wedi newid gymaint â *hynny*, does bosib? Ond be ydi o o bwys; maen nhw'n straeon diddorol a Taid yn mwynhau adrodd yr hanes, a finnau'n gwrando'n glustiau i gyd ac yn holi'i berfedd.

'Ga' i fynd i fyny i weld Taid, Mam?'

'Well i ti beidio.'

'O plis, Mam.'

'O'r gore, dim ond am funud – mi ddaw Dad efo ti i'r llofft.'

Mae o'n gorwedd ar y gwely'n swrth, ei lygaid bywiog yn troi'n araf i edrych arna i, a thrumwedd o wên ar ôl deall mai fi sydd yna.

'Helô Taid, fi sydd 'ma – wedi dod adref o'r ysgol i'ch gweld chi. Ydech chi'n well?'

Dim ateb. Mae'n gafael yn dynn yn fy llaw, fel petai ar ochor dibyn ac ofn cwympo. Wnaiff o ddim, meddwn innau wrthyf fy hun, achos mae o'n saff yn ei wely.

'Tyrd rŵan,' meddai Dad, 'i Taid gael gorffwys. Mi fydd o'n well fory.'

'Dydi o'm wedi dweud dim byd wrtha i eto, Dad.'

'Mae o wedi blino, wsti – eisio cysgu. Mi fydd o'n well wedyn.'

'Ta ta, Taid. Wela i chi fory . . .'

* * *

Dydd Gwener fyddai diwrnod gorau'r wythnos i mi. Roedd o'n gychwyn ar y penwythnos: amser mynd am dro yn y car gyda Dad a Mam i rywle, a chyfle i chwarae efo plant eraill – roedd hynny'n wefr bwysig i mi gan fy mod yn unig blentyn. Ond yn bwysicach na hynny hyd yn oed, roedd pob nos Wener acw ym Mryn Meini yn ferw o brysurdeb a hwyl.

Rywle tua pump i hanner awr wedi pump deuai Dafydd Robarts y Cwmpen neu Mrs Robarts heibio efo'r wyau ffres a'r menyn cartref. Archeb wythnosol oedd yr wyau a'r menyn, a byddent yn crwydro'r pentref yn dosbarthu cynnyrch eu fferm. Dafydd Robarts yn gwneud hynny ar ei feic, ond os mai Mrs Robarts fyddai'n dod, byddai Morys y mab yn dod â hi ar y Ffyrgi bach llwyd. Ffyrgi bach llwyd arferol oedd o, ond anarferol oedd ei waith ar nos Wener. Wrth ei gefn roedd link-box, a hwnnw'n lân fel swllt, ac ar ei ganol sêt car wedi'i bolltio; yr wyau a'r menyn yn y link-box a Mrs Robarts yn eistedd yn dwt, dywysogesaidd ar y sêt, yn wynebu am yn ôl. Ym mhob stop, byddai Morys yn ei gostwng a'i chodi efo'r heidrolics, gan weiddi 'lwc owt!' bob tro y byddai'r Ffyrgi'n cychwyn symud.

Roedd gan Glyn y Bwtsiar, cigydd o'r pentref agosaf, rai tai ar hyd y fro lle byddai'n galw, a byddai dau neu dri yn ymgynnull yn y 'stesions' yma i aros amdano a chasglu eu cig am yr wythnos oedd i ddod, talu amdano, a rhoi archeb at y nos Wener ganlynol. Un o'r stesions yma oedd fy nghartref i. Byddai swper am hanner awr wedi chwech cyn i Mrs Williams, Tŷ Pella, a Beti Reynolds y Llwyn gyrraedd tua saith i aros am Glyn a'i fan gig. Roedd Mrs Williams yn wraig weddw ers blynyddoedd, yn wraig sydyn ei hatebion bachog, a Beti'n hen ferch yn byw efo'i thad a'i brawd ac yn hen ffasiwn ei ffordd. Gwisgai Beti feret ddu am ei phen bob amser: tybiaf efallai fod rhyw Sioni Winiwns Llydewig wedi'i anghofio ryw dro wrth werthu winiwns yn y Llwyn.

Wedi i Mam glirio'r swper ac ar ôl i bawb setlo, deuai'r cardiau a'r bwrdd bach allan i ganol yr aelwyd, a chwarae whist fyddai hi wedyn. Mrs Williams mor ofalus o'i thrymps â phe baen nhw'n geiniogau yn ei phwrs, a Beti'n gwarchod y cardiau yn ei llaw fel petai ei hewyllys wedi'i ysgrifennu arnynt.

*　*　*

Ar y nos Wener dyngedfennol yma – noson ola'r tymor – cyrhaedda Dafydd Roberts tua chwarter wedi pump. Wrth i Dad ei gwrdd ym mhortsh y cefn i dderbyn y nwyddau a thalu amdanynt, mae'n rhaid mai'r hyn mae o'n ei ddeud yn ddistaw wrth Dafydd Roberts ydi bod Taid yn sâl iawn, oherwydd dilyna Dafydd Robarts Dad i mewn i'r tŷ a gofyn i mi:

'Sut wyt ti'r hen gòg? Wyt ti awydd dod efo fi i Cwmpen i aros am ychydig? Mi gawn ni ddigon o hwyl, ac mi gei di helpu Morys a fi ar y fferm.'

'Na, dim diolch,' meddaf yn grynedig.

'Tyd 'laen, mae'n wyliau ysgol a phopeth, ac mae 'na ferlen fach wen acw i ti gael hwyl ar ei chefn.'

'Mi fydd yn brofiad da i ti,' medd Dad, 'ac mi fydd Dafydd Robarts, Mrs Robarts a Morys yn edrych ar dy ôl di fel brenin. Os byddi di eisiau dod adref, mi ddaw Morys â ti'n ôl yn syth ar y Ffyrgi bach llwyd.'

'O'r gorau,' meddaf, er yn teimlo ieir bach yr haf yn chwarae yn fy mol.

Mae Mam hefyd yn fodlon ac yn awyddus i mi fynd. Mae'n casglu fy nillad mewn bag, a Dad yn dod â'm beic o'r sièd at ddrws y cefn.

*　*　*

Dim ond syniad sy gen i lle mae Cwmpen – gwn ei fod ym mlaen Cwm Pandy ym Mro Ddyfi, ei fod ymhell o'n tŷ ni, ac nad oes ffordd bob cam at y tŷ. Clywais ddweud ryw dro, hefyd, mai 'Cwmpenllydan' ydi'r enw hir arno.

'Diaw, mae gen ti feic smart,' meddai Dafydd Robarts. 'Tyd rŵan, dilyn di fi' – ac i ffwrdd â ni.

Troi wrth y dafarn ac ymlaen ac ymlaen ac ymlaen, trwy bentref bach y Pandy, ac yna troi i'r dde i ffordd gulach.

Dafydd Robarts yn bloeddio, 'Wyt ti'n iawn, yr hen gòg?'

'Ydw, yn iawn.'

Ac ymlaen â ni. Rhai cymylau'n troelli yn awyr fy meddwl, er y gwyddwn y byddai popeth yn iawn ac y buaswn yn sicr o fwynhau'r profiad. Dilynai'r ffordd yr afon – y dŵr yn mynd un ffordd a ninnau'r ffordd arall. Yna gwelwn sièd fach sinc ar ochor y ffordd.

'Hon ydy sièd y beics; mi rown ni'r ddau feic i mewn yma.'

'Fyddan nhw'n saff yma?' meddwn.

'Yn hollol saff, paid â phoeni.'

Roedd pont bren – pont droed – yn croesi'r afon yr ochor arall i'r ffordd.

'Dros y bont yna ryden ni'n mynd am Cwmpen, wel'di – rhaid inni gerdded o'r fan hyn.'

'Iawn.'

Croesi'r bont yn eithaf pryderus heb wybod beth oedd yr ochor draw. Llwybr bychan cul oedd yna, ac ymhen rhyw hanner canllath, capel bychan.

'Be ydi hwn?'

'Hwn ydi Ysgoldy'r Cwm. Mae 'na wasanaeth yma bob yn ail Sul, ac mi fyddwn ni'n dod i'r gwasanaeth. Ddoi di efo ni?'

'Dof.'

Ymlaen â ni trwy'r llidiart i ros fawr, a'r llwybr yn arwain trwy ganol gwair, brwyn a phlu'r gweunydd. Ambell ffos fechan yma ac acw, a phont slipar lein i'w chroesi. Ar ôl cyrraedd clawdd terfyn y rhos, dros gamfa i ros arall ddigon tebyg ond ychydig yn llai. Llygedyn o olau, wal, llidiart, tŷ ac adeiladau.

'Dyma fo Cwmpen i ti. On' tydi o'n le clên?'

'Ydi,' meddwn, er yn dawel fach yn teimlo y buasai 'Cwm pen draw'r byd' yn well enw arno na Chwmpenllydan.

Mi fydd gen i hanesion i'w dweud wrth Taid!

Cael croeso mawr gan Mrs Robarts a Morys, a mynd â'r pecyn dillad i'r llofft. Gwely ffrâm haearn a'r fatres yn bantiog, llawr pren noeth, pot dan y gwely, cadair, a dyna'r cyfan. Dim ystafell ymolchi, dim dŵr yn y tŷ, dim tap. Ond llond tŷ o groeso yn cyrraedd pob cornel fel arogl y mawn yn llosgi yn y tân ar lawr wrth y simne fawr.

Pistyll wrth ddrws y cefn a'r dŵr fel grisial, toiled a phlanc o sêt uwchben y nant yng nghornel yr ardd, bron yn union fel straeon Taid am Cwm Maethlon.

Dwi wedi dod yn ôl i'r ystafell fyw erbyn hyn, ac mae crochan bach ar y bwrdd pren gwyn, glân, a phedair dysgl a llwyau – llymru i'r pedwar ohonom. Paned o de, sgwrs am helyntion y dydd, ac yna i'r gwely.

* * *

Saith o'r gloch y bore. Y crochan bach yn ôl ar y bwrdd ond uwd sy ynddo erbyn hyn, a hwnnw'n blasu fel hufen.

Allan efo Morys i odro pedair buwch ddu yn y beudy. Stôl drithroed a bwced glân fel swllt; Morys yn godro, a finnau â rhaw yn carthu biswel o'r tu ôl i'r gwartheg i'r domen.

Rydw i'n ffarmwr!

'Wyt *ti* eisiau trio godro? 'Drycha di ffordd ydw i'n gneud – gafael fel hyn, pwysau ar y bawd ac yna gwasga efo'r bysedd. Dyna ti, wel'di, mae gen ti laeth. Dal di ati – ddaw y *knack* ddim yn syth, ond cyn pen dim mi fyddi di'n llanw bwced mor sydyn â fi . . .'

Dridiau wedyn, ac rwy'n mynd â llaeth y gwnes i fy hun

ei odro i'r tŷ. Mrs Robarts yn ei separetio a chloch fach yn canu bob hyn a hyn – rwy'n dal i'w chlywed weithiau.

'Lle mae Dafydd Robarts?'

'O, mae o yn y stabal yn bwydo Loffti a'i pharatoi i fynd allan.'

'Dowch i'r tŷ i gael beit,' gwaedda Mrs Robarts ar ben y drws.

Mae hi'n naw o'r gloch erbyn hyn. 'Beit' ydi bara menyn cartref, caws a phaned o de. Dyna beth ydi bara menyn go iawn!

Mae Loffti'r gaseg yn barod am orchwylion y dydd. Torri gwair ar y rhos isaf heddiw. Cysylltu Bes â'r injan dorri gwair ac i ffwrdd â Loffti, a Dafydd Robarts ar sêt haearn yr injan wair; Morys a fi'n dilyn ar y Ffyrgi bach llwyd a'r hen *link-box* erbyn hyn ac ynddo gribyn sofol, cribyn fach a phicwarch. Bes a Dafydd yn torri'r gwair a Morys a fi'n ei chwalu i sychu yn yr haul.

Deuddeg o'r gloch, yn ôl at y tŷ am ginio a gadael Loffti i bori ar y rhos uchaf. Potes cig wedi'i halltu i ginio a phwdin tabioca o laeth y fuwch ddu. Tybed ai fi odrodd y llaeth yma?

Gorchwyl y pnawn i Morys a fi – hel y gwair dorrwyd ddoe yn rhencoedd efo'r gribyn sofol, ac yna'i fydylu. Dafydd wedi mynd i gysylltu Loffti yn shafftiau'r gert pedwar polyn, i gasglu'r mydylau i'r daflod uwch y beudy.

Te rhwng dau lwyth: y bara hyfryd yna a jam llus, cacen gri wedi'i chrasu ar y radell, a the.

Un llwyth arall cyn godro, a'r giaffar yn setlo Loffti yn y stabl yn ddiddos am y nos.

Ar ôl swper – cig moch 'dan lofft' wedi'i ffrio ac wy (dydi'r gair colestrol ddim yng ngeiriadur Cwmpen!) – pawb yn hel wrth y tân mawr. Morys yn gwneud coes bwyell,

Dafydd Robarts yn gwneud rhaff gortyn, a Mrs Robarts fat rhacs. Finnau wrth y bwrdd yn tynnu llun Loffti a'r llwyth gwair.

Yna'r crochan llymru ar y bwrdd eto i gloi'r dydd, ond pap sydd ynddo heno. Blasus iawn.

*　*　*

Dim ond ychydig bach bach yn wahanol i'w gilydd ydi pob dydd yng Nghwmpen, neu felly mae'n ymddangos i mi. Weithiau torri mawn, ei sychu a'i gludo efo Loffti a'r car llusg; dro arall torri coed, agor ffosydd, trwsio wal y ffridd ac ati.

I Mrs Robarts, gwelaf fod diwrnod i bob gorchwyl a dim newid i'r drefn. Dydd Llun: golchi a thân dan y pair. Dydd Mawrth: pobi bara am yr wythnos, a hel eithin i gynhesu'r ffwrn wal nes bydd yn eirias. Dydd Mercher: corddi a throi'r fuddai'n ddi-stop nes bod ynddi'r menyn hyfrytaf posibl. Dydd Iau: glanhau'r tŷ a thrwsio dillad – sanau yn bennaf. Dydd Gwener: paratoi am y daith wythnosol i'r pentref i gyflenwi'r wyau a'r menyn i'r cwsmeriaid rheolaidd, a siopa'r ychydig na ellid ei gynhyrchu gartref – dim llawer mwy na the a siwgwr. Dydd Sadwrn: unrhyw orchwyl arall sy'n galw.

Ond mae dydd Sul yn wahanol! Dim gwaith, ond mynd i wasanaeth yn ysgoldy'r Cwm, a Lewis Richards yr athro Ysgol Sul yn sôn am y Nefoedd hyfryd y byddwn i gyd yn cael mynd iddi yn y diwedd, at Iesu Grist ac i gwrdd â hen gyfeillion. Byd o heulwen ddigwmwl lle nad oes na phoen na gofid.

I mi, mae hi'n nefoedd yma yng Nghwmpen, Bro Ddyfi –

cymaint o nefoedd â'r un a brofodd Taid yng Nghwm Maethlon erstalwm.

Mi fydd o wrth ei fodd yn clywed yr hanes pan af i'n ôl adref . . .

John Jones Frongoch

I lawn werthfawrogi'r gŵr tal a hynaws yma, rhaid i mi droi 'nôl yn y cof i bedwardegau a phumdegau'r ganrif ddiwethaf – do, cefais y fraint o'i adnabod bryd hynny, a braint arbennig iawn oedd hi yn sicr.

Bu'n byw gydol ei oes yn Frongoch, fferm fynyddig yng nghesail Moel Eiddew, a'r mynydd-dir yn ei amgylchynu. Tua milltir neu well o Lanbryn-mair i gyfeiriad Machynlleth, mae ffordd Gyngor fechan yn troi i'r dde ac yn eich arwain trwy'r mynydd-dir i bentref Cemmaes. Rhyw filltir ymlaen ar y ffordd honno, cewch ffordd yn troi eto i'r dde ac yn arwain am tua milltir arall i Frongoch.

Un peth fyddai'n eich taro wrth fynd at John i Frongoch oedd y gwahaniaeth rhwng safon y ffordd Gyngor a'r ffordd breifat a arweiniai at y fferm. Oedd, roedd y ffordd breifat a wnaethai John Jones fel traffordd o'i chymharu â ffordd y Cyngor.

Bu cyndeidiau John yn amaethu yno am ganrifoedd, ac wedi gadael ysgol Comins-coch yn bedair ar ddeg oed, yr unig ddewis iddo yntau oedd dilyn ôl troed ei hynafiaid i ffermio yn Frongoch. Ac nid ffarmwr cyffredin mohono: roedd bron bopeth a oedd ar y fferm yn waith ei ddwylo ef ei hun. Ar y buarth roedd yno efail y gof, gweithdy saer, gweithdy 'engineering' a chornel adeiladu. Roedd pob un o'r blociau concrid yn y waliau wedi'u gwneud mewn peiriant cymysgu concrid a pheiriant gwneud blociau a gynlluniwyd ac a wnaed gan John ei hun. Prynu tractor, wedyn, a gwneud y cyfan ar ei gyfer yn y gwahanol weithdai ar y fferm.

Roedd yno ddau dractor. Un Fordson a oedd, mae'n debyg, yn un o'r rhai cyntaf i ddod i'r fro, a hefyd un Ffyrgi Bach. Neu dyna beth oedd hwnnw pan gyrhaeddodd Frongoch, ond yn fuan iawn roedd yn 'John Jones Special' a darnau o geir, moto-beics a cherbydau eraill wedi'u haddasu'n rhan ohono, a'r cyfan yn help i'r gŵr amryddawn yma ddod i ben â'i orchwylion yn brydlon a hwylus.

Roedd pob agwedd ar amaethu'n dod yn hwylus iddo. Agoriad llygad oedd ei weld yn didoli'i ddefaid – y ci yn cwrsio'r ddiadell ymlaen a John yn gweithio lifars, tebyg i focs signal mewn gorsaf drenau, a'r defaid yn cael eu didoli i wahanol lociau. Yn y cyfnod yma, hefyd, arferai dynion ffordd y Cyngor 'seidio' – sef torri'r tyweirch a dyfai ar ochr y ffordd efo rhaw. Yn Frongoch, roedd peiriant y tu ôl i dractor yn gwneud hyn ar ffordd breifat y fferm. Mater o ryw hanner awr, a dyna ni.

Clywais i gynhaeaf gwlyb iawn fod yn rhwystr i amaethwyr Dyffryn Dyfi un tro. Testun tipyn o hwyl a gwawd, braidd, i'r gweddill oedd deall fod John Jones yn dwyn ei gynhaeaf adref yn y glaw. Ond llwyddodd i borthi'i fuches trwy'r gaeaf canlynol gyda'r gwyrddwair yma a fu trwy ei broses ef ei hun. Ymhen blynyddoedd lawer wedyn, daeth silwair yn rhan bwysig iawn o gynhaeaf pob fferm. Dyna'n union a wnaethai John Frongoch at ei bwrpas ei hun ymhell cyn hynny y gaeaf gwlyb hwnnw.

Yn y gweithdy 'engineering' – neu weithdy John, fel y galwai ei chwaer Gwen o – y byddai'n gwneud ei fodelau cywrain o hen beiriannau, ac mae model a wnaeth o'r injan stêm a arferai dynnu a gyrru'r dyrnwr ar ffermydd y fro bellach yn Amgueddfa Genedlaethol Caerdydd. Ac yn Frongoch roedd gan John lu o fodelau eraill – y cyfan yn berffaith ac yn gweithio.

Roedd Capel y Waun yn agos iawn at ei galon a bu'n flaenor yno am gyfnod hir. Roedd yn feddyliwr mawr, ac odid na chafodd neb sgwrs ag ef heb elwa o'r profiad.

Ar garreg fedd John Jones Frongoch ym mynwent Cemmaes mae'r geiriau:

> Amaethwr, crefftwr o'r crud,
> A dyfal weithiwr deufyd.

Morfydd Thomas

Ganed Morfydd Thomas, fel ei mam o'i blaen (a oedd o linach Ann Griffiths, Dolwar Fach), ym Moeldrehaearn, Dolanog, yn Hydref 1915, yr hynaf o bedwar o blant. Bu Mrs Thomas farw ym Mai 2006 yn ddeg a phedwar ugain oed.

Bob tro y byddwn yn ei holi am yr hen amser, dôi'n amlwg

iddi gael plentyndod tu hwnt o hapus. Diddorai'r teulu eu hunain yn ystod nosweithiau hirion drwy eistedd o amgylch y tân ym Moeldrehaearn yn cael cystadlaethau cofio englynion, penillion neu adnodau o'r Beibl.

Mynychai Ysgol Dolanog o chwech oed ymlaen, a cherddai yno ym mhob tywydd. Cofiai'n dda am yr hen stôf fawr gron oedd wedi'i lleoli yng nghanol yr ysgol, ac a ddefnyddid i sychu dillad ac i dostio brechdanau amser cinio. Yr adeg honno roedd ychydig dros ddeg ar hugain o ddisgyblion yn Ysgol Dolanog (mae ar gau ers blynyddoedd bellach). Saesneg oedd iaith yr ysgol yn bennaf, a chan ei bod yn ysgol eglwys roedd dysgu'r Catechism ac ati'n bwysig. Ar ddydd Mawrth yn unig y byddai cyfle i wneud ychydig o Gymraeg, er bod mwyafrif y plant yn Gymry rhugl. Cofiai Mrs Thomas am Mrs Jackson a'i merch o'r Cottage yn mynychu'r ysgol – nhw oedd y meistri tir, a mawr oedd eu dylanwad ar Ddolanog yr adeg honno.

Chwaraeai'r plant ar y ffordd fawr, oherwydd nid oedd cerbydau heblaw am Dixie'r teulu Gittins. Math o fws cynnar oedd hwn, gyda lle i ryw bedwar o bobl i eistedd bob ochr yn y cefn gan wynebu'i gilydd, ynghyd â lle i ryw ddau arall yn y blaen gyda'r gyrrwr, Plenydd Gittins. Cofiai Mrs Thomas fynd yn y Dixie i'r Blygain Fawr yn Llanfihangel ddechrau Ionawr un flwyddyn. Saron oedd addoldy'r teulu, a chynhelid eisteddfodau bach yno, yn ogystal ag yn Nolanog, Penuel a Bethlehem.

Pan oedd Mrs Thomas yn ifanc, roedd tân ar lawr ym Moeldrehaearn a llosgent fawn o'r fawnog. Mae'n cofio stacio'r mawn er mwyn ei sychu. Câi'r tân ei enhuddo â thywarchen cyn i'r teulu fynd i'r gwely, a phan brocid hwn yn y bore deuai fflam unwaith eto, felly ni fyddai'r tân byth yn diffodd.

Cofiai ddyddiau lladd mochyn, a rhannu'r asen frân gyda chymdogion cyn halltu'r gweddill (a derbyn yr un gymwynas yn ôl ganddynt hwythau, wrth gwrs). Byddai ei thad yn tynnu swigen y mochyn, ei chwythu fel balŵn a'i chrogi i sychu oddi ar drawst, cyn ei rhoi i'r plant fel pêl-droed. Lleddid tri mochyn yn ystod y gaeaf pan oedd Mrs Thomas yn byw ym Melingrug. Mae'n cofio pa mor flasus fyddai'r ffagots a'r brôn cartref, ond nid arferent wneud pwdin gwaed.

Gorchwyl arall hanfodol ym mhob cegin fferm fyddai gwneud bara. Prynai'r teulu sacheidiau o fflŵr neu flawd gwenith o siop William Jones, Market Square, Llanfair. Golchid y sachau gwynion a'u defnyddio wedyn i wneud ffedogau. Arferai'r mwyafrif o bobl brynu burum ar gyfer gwneud bara, ond gwnaent furum eu hunain ar aelwyd Foeldrehaearn gan ddilyn hen rysáit. Pan fyddai'r burum yn barod, rhoddid blawd a dyrnaid dda o halen ynddo mewn hen fath tylino, a gwneud nyth yn y blawd cyn ychwanegu dŵr cynnes. Yna ychwanegent furum o botel a thylino nes byddai'r dwylo'n lân a'r toes yn gwneud sŵn gwichian. Rhoid y bath wedyn yn rhywle cynnes nes codai'r toes uwchben yr ochrau. Yna torri'r hyn oedd uwchben y bath, tylino â chyllell, ac aildylino wedyn. Byddai hyn yn ddigon i wneud rhyw wyth torth.

Roedd ffwrn fawr gerllaw'r lle tân, ac roedd angen llenwi'r ffwrn honno â choed sych ar ddiwedd y pobi bob tro, yn barod ar gyfer y pobiad nesaf. Byddai darnau o goesau eithin a gawsai eu llosgi'n flaenorol yn ardderchog i gynhesu'r ffwrn; gelwid hwnnw'n 'boethwel', a rhoddai wres tanbaid pan losgai. Pan fyddai'r briciau yn y ffwrn fawr yn wyn, rhaid fyddai crafu allan y lludw â rhaca, a sychu gwaelod y ffwrn â darn o sach wlyb. A dyna'r ffwrn yn barod i'r toes fynd i mewn iddo.

Nid oedd angen rhoi'r toes mewn tuniau – gelwid y torthau a wneid fel hyn yn dorthau gwaelod ffwrn. Ar ôl tua awr a hanner agorid y drws, a gellid gweld a oedd y torthau'n barod ai peidio yn ôl eu lliw. Fel gyda stôfs ein dyddiau ni, roedd yn bwysig cau'r drws yn araf rhag hel gwynt oer i mewn i'r ffwrn! Ar ôl tynnu'r bara allan, byddai dwy gacen fraith yn barod i fynd i mewn cyn i'r ffwrn oeri. Byddai hefyd badell ffrio uwchben y tân, yn ogystal â sosban fawr i ferwi'r cig moch a'r llysiau.

Byddai'r mwg yn dianc i fyny'r simdde fawr agored – cofier bod y tân ar lawr. Yna cafwyd grât gyda bariau i lenwi'r aelwyd. Datblygiad mawr arall oedd y stôf oel gyda ffwrn, a thri 'burner' gyda wiciau arnynt oddi tani. Yn honno y coginient y cinio dydd Sul.

Roedd gwneud jam yn orchwyl gyson hefyd, a gwneid tua cant a hanner o bwysi'n flynyddol – damson, ffebrins (gwsberis), riwbob ac yn y blaen. Cofiai Mrs Thomas wneud saith deg o bwysi o jam damson mewn un tymor yn unig! Coginio'r jam mewn padell fawr bres a elwid yn sgelet, a honno'n crogi uwchben y tân yn y gegin orau. Cynhesid y sgelet i ddechrau a châi ei thu allan ei orchuddio â lard wedi'i doddi. Pan ddôi'n amser i'w golchi, deuai'r huddug ag olion y mwg i ffwrdd oddi arni'n ddiffwdan. Ar ôl i'r jam oeri yn y jariau, toddai ei mam ired dafad nes byddai fel gwêr, cyn ei dywallt dros y jam. Roedd yn caledu'n syth a ffurfiai gaead hwylus i rwystro aer rhag dianc o'r jar. Pan ddôi'n amser i fwyta'r jam, codent y caead ired â chyllell cyn ei roi mewn tun ired esgidiau ar gyfer iro esgidiau hoelion aelodau'r teulu. Ni châi dim ei wastraffu!

Roedd gwneud menyn yn rhan bwysig o orchwyl gwraig fferm, a chofiai Morfydd Thomas gasglu'r hufen oddi ar y llaeth a oedd mewn dysgl fawr dun a thop llydan iddi, tua pedair modfedd o ddyfnder. Defnyddiai 'sgimer' i'r gwaith, a byddai'n mynd oddi amgylch top y ddysgl gyda blaen ei bys er mwyn rhyddhau'r hufen o'r ochr, yna'n codi'r hufen oddi ar y llaeth. Roedd dysglau tebyg o bridd ar gael cyn dyddiau'r rhai tun. Dull diweddarach o wahanu'r hufen oddi wrth y llaeth oedd â separetor. Rhoddid y llaeth cynnes yn y tanc ar dop y separetor ar ôl godro, a phan gâi'r handlen ei throi byddai hynny'n gwahanu'r llaeth a'r hufen. Yna casglu'r hufen mewn priddell, ac o fewn ychydig ddyddiau byddai'n suro a thwchu. Dyma'r amser i'w gorddi yn y fuddai trwy droi'r handlen am gyfnod eithaf hir, gyda thymheredd o chwe deg gradd.

Os byddai gan rywun boen yn ei gefn, gwneid posel o laeth enwyn – tri chwarter llond cwpan de o laeth ffres wedi'i ferwi ar ben yr union yr un faint o laeth enwyn. Byddai hyn yn twchu'r gymysgedd a'i wneud yn debyg i bwdin; bwyteid ef gyda llwy nifer o weithiau mewn diwrnod.

Ar ôl golchi'r menyn sawl gwaith byddai'r dŵr yn lân. Yna câi'r menyn ei godi i dwb mawr derw, crwn, tuag wyth modfedd o ddyfnder a dwy handlen iddo – y 'mit' – ac ychwanegu halen at y menyn. Cyweirid y menyn wedyn gyda math o soser a handlen arni a elwid yn claper, er mwyn cael madael o unrhyw wlybaniaeth.

Yna rhoddid lwmp da o'r menyn ar ddarn o bren ar y bwrdd, a'r menyn yn cael ei weithio'n siapau hirsgwar fesul pwys â'r 'dwylo menyn' (math o *spatulas* a elwid yn Saesneg yn 'Scotch hands'). Weithiau gwneid patrwm arbennig hefo'r dwylo menyn, neu 'brint' o goed masarn, yn aml â llun buwch neu flodyn arno. Gellid lliwio'r menyn yn y gaeaf â sudd moron, pe dymunid, gan fod y menyn o liw golau iawn yr adeg honno.

Yn y farchnad y gwerthent y menyn nad oedd mo'i angen yn y cartref. Yn aml, hefyd, dôi rhywun a elwid yn bajer i fuarth y fferm i'w brynu, yn ogystal â phrynu wyau, cwningod ac unrhyw gynnyrch arall. Ond gofalai'r teulu gadw digon o fenyn mewn priddell ar gyfer eu defnydd eu hunain trwy'r gaeaf. Ni fyddai un diwrnod arbennig mewn wythnos yn cael ei neilltuo ar gyfer pobi a chorddi – gwneud yn ôl y galw y byddent.

Roedd diwrnod dyrnu a diwrnod cneifio yn ddyddiau llawn mor bwysig i wraig y fferm ag yr oedd i'r dynion: coginiai glamp o ddarn o gig eidion gyda thatws a phob math o lysiau, a digonedd o bwdin reis. Byddai angen pryd swmpus arall wedyn i bawb o'r teulu ar ddiwedd y dydd: cig oer, fel arfer.

Cofiai Morfydd Thomas hefyd olchi defaid Melingrug cyn cneifio ar ôl cronni'r nant ger Abergastell yng Nghwm y Gist Faen, er mwyn cael gwared o'r olew naturiol oedd yn y cnu. Yno yng Nghwm y Gist Faen y canai'r gog gyntaf bob blwyddyn, yn ôl Evan Evans Tanyfron. Cofiai Mrs Thomas saith ar hugain yn cneifio yn Nhrewynt, a gorfod cludo'r holl fwyd i fyny yno o Felingrug yn ogystal â'r llestri a'r toweli a'r bocs cymorth cyntaf, gyda nodwydd ac edau i drwsio unrhyw groen dafad fyddai wedi cael ei dorri neu'i rwygo.

Parhaodd y dyrnu ym Melingrug am flynyddoedd, ac roedd yr elfen gymdeithasol yn bwysig iawn. Roedd symud y bocs dyrnu o un fferm i'r llall yn fusnes go arw. Codid ysgubau i ben y bocs dyrnu, a'r gwellt rhydd yn dod allan o ben arall y bocs ar ôl ei ddyrnu. Ei rwymo wedyn â rhwymyn gwellt. Gelwid y rhain yn 'pilion', a chaent eu cario i das yng nghefn y buarth. Ar ôl gorffen dyrnu, cario'r pilion yn ôl i'r gowlas. Byddent yn falch o weld y bocs yn dod ond yn falchach o'i weld yn mynd. Nid oedd arian yn newid dwylo o gwbl wrth i gymdogion gynorthwyo'i gilydd mewn rhyw fath o rota.

Priododd Morfydd Thomas yn 1948, ac aeth i fyw i Felingrug gyda Tom ei gŵr, Llew ei brawd-yng-nghyfraith a'u mam hwythau. Yr adeg honno roedd yr hen arferiad o 'gnocio' yn dal mewn bodolaeth, a chofiai ei darpar ŵr yn taflu cerrig mân at ffenestr ei llofft pan oedd ym Moeldrehaearn. Cafodd briodas hapus, a magwyd eu dwy ferch, Buddug ac Enid, ym Melingrug. Roedd y paratoad a gafodd Morfydd Thomas gartref ym Moeldrehaearn yn sicrhau ei bod yn gyfarwydd â holl orchwylion gwraig fferm.

Yn eu plith, roedd y gorchwyl o olchi ar 'ddiwrnod golchi'! Cario dŵr o'r afon i foiler mawr a oedd y tu allan, a thân oddi tano, a golchi'r dillad yn hwnnw. Nid oedd ganddi gof am ddefnyddio doli bren i olchi dillad, ond yn hytrach rhwbio'r dillad â sebon ar ystyllen olchi mewn bath mawr tun. Y gorchwyl nesaf fyddai smwddio â'r haearn bocs. Wedi i ddarn o haearn gael ei roi yn y tân nes y byddai'n wynias, ei roi i mewn â gefeiliau yn y 'bocs' haearn trwy ddrws bach yn y bocs. Ond maes o law daeth haearn smwddio trydan i Felingrug, diolch i gwmni Edwards, Llanuwchllyn.

Ie, gwraig a weithiodd yn galed ar hyd ei hoes oedd Morfydd Thomas.

Maurice Evans

Cymeriad adnabyddus iawn yn yr ardal hon oedd Maurice Evans, Tynrhos Uchaf, Dolanog. Er bod ei enw wedi'i sillafu'n Seisnig, adwaenid ef gan bawb fel Morris Tynrhos.

Dyn ei filltir sgwâr oedd Maurice, ac mae Tynrhos tua tair milltir o'r fan lle cafodd ei eni, sef fferm Pont Neuadd ger Llanfair Caereinion. Gwelir yno faes carafannau eang heddiw ac nid yw'r ffermdy gwreiddiol mewn bod.

Roedd ganddo feddwl miniog fel y bladur a hogai gynt, a daliodd yr atgofion am ei blentyndod yn fyw iawn yn ei gof hyd ei farw yn 2007.

Cofiai fynd i'r ysgol am y tro cyntaf, a chael cweir gan ei athrawes am daro fflasg de ei frawd drosodd; cofiai hefyd gael y gansen am ysmygu yn yr ysgol uwchradd, ac yntau'n dal i wisgo trowsus byr!

Roedd hwnnw'n gyfnod anodd – tridegau'r ganrif ddiwethaf – a phrisiau popeth yn isel. Cofiai weld ei dad a'r gwas yn cerdded gwartheg ar hyd ffordd Melinddol i ffair Llanfair a gynhelid ar ddyddiau Gwener. Nid oedd iechyd ei dad yn gryf a bu farw'n sydyn yn 1931 yng nghanol cyfnod y Dirwasgiad. Bu'n rhaid i'r teulu werthu'r cyfan oedd ganddynt am ychydig iawn o arian gan fynd yn fethdalwyr dros nos, a gorfod symud i fferm Rallt Ucha tua dwy filltir i ffwrdd.

Bu amser caled wedyn dros y ddegawd nesaf, yn ceisio crafu bywoliaeth allan o fagu ieir a gwerthu wyau. Deuai'r bwyd ieir o Felin Grug gyda cheffyl a throl, a gweithiai'r teulu'n galed i gael dau ben llinyn ynghyd.

Gadawodd Maurice yr ysgol ac aeth i weithio i fferm Maesglydfa. Yno y magwyd y diddordeb mewn ceffylau gwedd a barhaodd ar hyd ei oes. Yno y dysgodd droi gyda'r wedd, a chael cyfle i brofi gorchwylion fferm eraill megis trin y tir a phlygu sietin neu wrych – crefft y daeth yn feistr arni maes o law. Bu'n gweithio am gyfnod wedyn ym Mrynglas, a phan symudodd ei frawd Bebb o Dynrhos Ucha, aeth Maurice adref i helpu'i fam cyn iddi hithau farw o'r cancr yn fuan wedyn.

Ymhen ychydig daeth Joan Lewis o Gefn Coch yn forwyn i Tynrhos Ucha, a dod maes o law yn wraig i Maurice. Buont yn briod am dros drigain mlynedd.

Un nodwedd arbennig o Maurice oedd ei gymwynas-garwch, sy'n sicr yn adlewyrchiad o'r cyfnod pan oedd cydweithio a chynorthwyo'r naill a'r llall yn un o nodweddion pennaf cymdeithas cefn gwlad.

Soniwyd eisoes am gariad Maurice tuag at geffylau, yn enwedig ceffylau gwedd, ac roedd yn dalp o wybodaeth ar y pwnc. Un peth fyddai'n taro person wrth sgwrsio ag ef oedd ei addfwynder a'i ffordd o gyflwyno gwybodaeth heb ymddangos yn hunanymffrostgar. Dôi termau megis 'strodur,' 'cefndres,' 'mwnci' a 'tinbrenni' yn naturiol o'i enau.

Ni chredai Maurice y byddai byth yn cyfnewid y ceffylau gwedd am dractor, ac ef oedd un o'r ffermwyr olaf yn yr ardal i ffarwelio â'r anifeiliaid hardd hynny. Prynodd Standard Fordson ail-law ym 1952 gan rywun yn ardal Aberhosan ger Machynlleth, cyn ei yrru'r holl ffordd i Dynrhos Ucha. Roedd arno'i ofn ar y dechrau, meddai!

Diddorol fyddai ei glywed yn trafod amaethu yn oes y ceffyl. Siaradai â nhw, a datblygodd perthynas arbennig rhyngddynt dros y blynyddoedd. Braf fyddai clywed y chwiban arbennig a ddefnyddiai pan oedd angen dal ceffyl yn y cae ar gyfer diwrnod o waith. Roedd yn hoff iawn o aredig, gan ddefnyddio deuben o geffylau ynghyd ag arad Ransome Bantam. Anelai at aredig erw o dir mewn diwrnod, gan gerdded dros ddeng milltir y dydd i fyny ac i lawr y cwysi.

Rhaid fyddai llyfnu wedyn ag og, i falu'r cwysi cyn hau hadau. Arferai hau â llaw gan ddefnyddio had-lestr – hau fesul dyrnaid wrth gerdded ar hyd y cae. Gofynnai hyn am rythm arbennig, a rhaid oedd i'r breichiau a'r traed ddilyn ei gilydd mewn patrwm trefnus. Defnyddid un ceffyl rhwng y siafftiau i rowlio'r hadau i mewn i'r pridd. Gwaith diflas wedyn oedd chwynnu'r ysgall o'r ŷd gyda'r chwynog, sef math o gyllell gul ar goes hir. Cofiai ddefnyddio'r bladur i gynaeafu'r gwair a'r ŷd, cyn i'r injan fach gael ei defnyddio i'w torri. Datblygiad gwerthfawr oedd y beindar a rwymai'r ysgubau, ond roedd gofyn cael triphen o geffylau i'w dynnu.

Roedd diwrnod dyrnu'n un pwysig iawn, a chymdogion yn dod i gynorthwyo. Busnes mawr fyddai gosod y bocs dyrnu i fyny'n ofalus ac yn gywir o flaen yr injan dracsiwn, fel na fyddai'r beltiau'n towlu wrth i'r pwlis droi. Ac wrth gwrs byddai cymdeithasu difyr o gwmpas y bwrdd bwyd amser prydau, a hen dynnu coes a phlagio. Telid y cymwynas yn ôl trwy fynd i gynorthwyo hefo'r dyrnu ar ffermydd eraill, a gorchwylion megis godro a bwydo anifeiliaid yn dal i ddisgwyl ar ôl dod adref.

Gwaith caled arall y bu Maurice yn gwneud llawer ohono oedd draenio tir, a hynny â chaib, rhaw ac offer draenio arbennig. Gosododd filoedd o bibelli clai yn y ffosydd cyn eu cau eilwaith â llaw. Dyma egluro pam fod cystal golwg ar dir porfa Tynrhos.

Nid coesau o ryw siop neu'i gilydd fyddai ar bladuriau Tynrhos, ond coesau gwern a dyfai'n naturiol yn y gwrychoedd – oedd yn llawer haws eu trin, yn ôl Maurice, gan fod y balans yn well arnynt.

Heblaw'r ceffylau, roedd anifeiliaid eraill yn bwysig yn Nhynrhos. Bu Maurice yn godro gwartheg am gyfnod hir – â llaw i ddechrau, cyn datblygu rhai o'r adeiladau allanol a godro â phwcedi ac unedau oedd yn sugno'r llaeth o byrsiau'r gwartheg, a'i roi mewn siyrnau, neu danc, yn ddiweddarach.

Roedd moch yn rhan o'r system ffermio yn Nhynrhos hefyd am flynyddoedd. Cedwid hychod magu, a mawr fyddai'r helynt pan ddeuai'n amser mynd â hwy at y baedd. Cerdded oedd y drefn, gyda darn o gortyn wedi'i glymu wrth goes ôl yr hwch, a hithau'n gwthio drwy bob twll yn y gwrychoedd ar ei thaith at y baedd.

Lleddid mochyn yn rheolaidd hefyd, a deuai'r 'Clochydd Bach' yno o Bontrobert i wneud y gwaith hwn. Nid oedd dim yn cael ei wastraffu – cedwid y saim oedd o gwmpas perfedd y mochyn ar gyfer iro echel troliau, ac yr oedd blas arbennig ar y ffagots! Rhennid cryn dipyn o gig ffres rhwng cymdogion, a byddent hwythau felly'n derbyn cig ffres yn achlysurol drwy'r gaeaf. Helltid yr hamiau cyn eu crogi ar fachau o'r trawstiau. Roedd yn arferiad i ladd mochyn mewn unrhyw fis yr oedd y llythyren 'r' ynddo yn Saesneg.

Tyfid ŷd a grawn ar y fferm, ac roedd yn arferiad mynd ag o i Felin Dol-rhyd-y-defaid ger Llanfair Caereinion i'w falu. Cymysgid hwnnw wedyn â mangols a swêj a dyfid ar y fferm, wedi'u malu yn y pwlper. Roedd ieir y *deep litter* yn cyflenwi cig ac wyau – a olygai fod Tynrhos bron iawn yn hunangynhaliol yr adeg honno, fel y rhan fwyaf o ffermydd y fro.

Problem arall oedd gaeafau caled, yn enwedig gaeaf 1947. Ni fu'n bosib i lorïau gasglu'r llaeth am wythnosau, a rhaid oedd mynd ag o tua dwy filltir i'r ffordd fawr ger Bron y Garth. Cofiai Maurice gario dau siyrn llaeth gwag wedi'u rhwymo â rheffyn ar ei gefn drwy luwchfeydd dyfnion ar draws y caeau yn ôl i'w gartref.

Soniwyd eisoes am Maurice yr amaethwr diwyd a gofalus, ond roedd ochr arall hefyd i'r cymeriad amryddawn hwn, sef Maurice y crefftwr coed. Bu'n gwneud gatiau a hyrdlenni derw am flynyddoedd, a gwelir hwy o amgylch y fferm hyd heddiw. Ymddiddorai mewn gwneud dodrefn derw wedi iddo ymddeol, a bellach mae enghreifftiau o'i waith i'w gweld mewn llawer cartref yn y fro – yn gadeiriau, cypyrddau, stolion, byrddau a chypyrddau cornel. Credai'n gryf mewn defnyddio'r hen dechnegau a gweithio â'i ddwylo hyd yr oedd hynny'n bosib, er bod llif drydan a dril trydan yn gymorth iddo gyda darnau mawr o goed. Gwelir y marc 'ME' ar bob darn o'i waith, a chymerai falchder mawr wrth sicrhau fod y gwaith gorffenedig yn gymen a chrefftus.

Ond un o rinweddau pennaf Maurice oedd bod yn gyfaill a chymwynaswr. Roedd yn uchel iawn ei barch o fewn ei gymdeithas ac yn barod ei gymwynas bob amser. Nid oedd yn berson cyhoeddus ac nid oedd am dynnu sylw ato'i hun. Roedd rhyw fwynder ac agosatrwydd yn rhan naturiol o'i gymeriad ac nid oedd ganddo air drwg i'w ddweud am neb.

Bu'n ffyddlon i'w gapel lleol, sef Sardis, Dolanog. Pan fyddai arwerthiant neu noson goffi yn Nolanog, byddai Maurice wrthi'n ddiwyd yn paratoi dodrefnyn neu ddau i'w gwerthu neu i'w rafflo, a'r rheiny'n raenus bob amser.

Heb amheuaeth roedd Maurice yn gymeriad unigryw, ac yn enghraifft wiw o'r 'hen ffordd Gymreig o fyw'. Mae cymeriadau tebyg iddo'n prysur ddiflannu o gefn gwlad, ac ni welir eu math byth eto. Talp o fwynder Maldwyn ar ei orau.

Glyn Rowlands

Ganwyd a magwyd Glyn – Dafydd Glyn Rowlands – yn ardal Corris yn 1938, ac yng Nghorris ac Aberllefenni y bu'n byw gydol ei oes. Addysgwyd ef mewn ysgolion lleol, cyn gadael yr ysgol yn bymtheg oed. Bu am gyfnod yn gweithio'n lleol gyda'r Comisiwn Coedwigaeth a Chwarel

Aberllefenni, ond yn bennaf fe weithiai gyda chontractwyr oedd yn gosod ac yn cynnal a chadw'r rhwydwaith o bibelli nwy ledled y wlad.

Pan oedd yn llanc ifanc iawn daeth yn wladgarwr pybyr a chenedlaetholwr o wir argyhoeddiad. Fel 'Glyn FWA' y câi ei adnabod gan lawer, a chofir amdano'n troedio ac yn gorymdeithio trwy strydoedd Machynlleth yn lifrai Byddin Rhyddid Cymru.

Yn 1969 arestiwyd naw Cymro ar amheuaeth o gynllwynio yn erbyn y wladwriaeth, ac yn eu mysg roedd Glyn. Buont yn y carchar am fisoedd cyn eu dwyn o flaen llys yn Abertawe – achos a barodd am bum deg tri diwrnod, a chafwyd Glyn yn hollol ddieuog o bob cyhuddiad. Diweddodd yr achos ar union ddiwrnod yr arwisgo yng Nghastell Caernarfon, ac mae'n anodd credu mai cyd-ddigwyddiad oedd hyn. Roedd daliadau Glyn a'i argyhoeddiad cyn gryfed yn cerdded allan o'r llys ag yr oedd ar ddiwrnod ei arestio, a chofir yn dda amdano'n ymddangos o flaen y dorf â'i wên lydan, a'i fraich a'i ddwrn caeedig yn yr awyr yn null byddin y Tywysog Llywelyn. Ie, Llewelyn ac Owain Glyndŵr oedd – ac a fu hyd ei farw – Tywysogion Cymru i Glyn.

Dioddefai wawd a dirmyg yn gyson, a hynny'n aml gan ei gyd-Gymry. Ymateb Glyn bob amser fyddai'r wên lydan, yn ogystal â thrafod ei safbwynt mewn ffordd dawel a chadarn heb gynhyrfu dim. Roedd y wên yna fel heulwen ar adegau pan oedd cymylau duon iawn i'w gweld uwchben y Gymru hon. Roedd yn un o'r gwerinwyr prin a roddai ei Gymru, ei genedl, ei iaith a'i argyhoeddiadau goruwch ei fanteision a'i fywyd personol.

Yn y wasg Seisnig adeg yr achos llys, galwyd ef 'the Lone Wolf of Merioneth'. Ni allai dim fod ymhellach o'r gwir. Nid cymeriad unig oedd Glyn – roedd ganddo lu enfawr o ffrindiau. Roedd ei ysgydwad llaw â phawb bob amser yn yr hen ddull Celtaidd. Tystiai hyd yn oed y rhai oedd yn anghytuno â'i safbwyntiau fod ei gymeriad agos atoch yn ei wneud yn ffrind iddynt. Ac roedd ei alw'n 'wolf' gyn belled o'r gwir ag y gallasai fod: tawelwch, addfwynder a charedigrwydd oedd nodweddion ei gymeriad. Ymateb Glyn i'r fath enw oedd ei gymryd yn hwyl, ac er i rai ddal i'w alw'n 'Lone Wolf' gydol ei oes, roedd Glyn yn hollol hapus â hynny.

Ar ddydd ei angladd y llynedd roedd Capel Corris a'r stryd yn llawn. Ond hyd yn oed y diwrnod hwnnw, ac yntau yn ei arch, roedd yna fwy o heddlu mewn lifrai a heddlu cudd yn y fro – ac yn arbennig yn nhref Machynlleth – nag a welwyd ers amser maith. Bu i Gyngor y Dref ddatgan yn gyhoeddus ei siom am hyn a dwyn y mater i sylw Heddlu Dyfed Powys, gan eu hatgoffa na chafwyd Glyn erioed yn euog o unrhyw drosedd.

Wrth dalu teyrnged iddo, dywedodd Gethin ap Gruffydd, un o'i gyd-aelodau ym Myddin Rhyddid Cymru:

'Fe fyddi di, Glyn, yn cael dy gofio'n dyner iawn gan dy holl gydnabod, ac yn arbennig y rhai a frwydrodd ac a weithiodd gyda thi. Gobeithio na fydd dy flynyddoedd o aberth a'th ymdrech wladgarol yn ofer, ond yn hytrach yn ysgogiad i genedlaethau o adfywiadwyr gwladgarol fel ag yr oeddet ti hyd y diwedd. Ar dy wely angau, yn dy awr olaf yn Ysbyty Bronglais, roedd dy saliwtio yn null byddin Llewelyn, er dy fod yn wan, yn dweud y cyfan am dy ymroddiad a'th deyrngarwch . . . Wrth ddweud ffarwél, gobeithiaf y gwnaiff y duwiau Celtaidd gymryd gofal ohonot, ac y cei di ymuno â'r adfywiadwyr gwladgarol a'th ragflaenodd yng nghwmni'n Tywysog Owain yn ogof yr arwyr. Byddi, Glyn, fe fyddi di'n sicr o fod yno gyda hwynt.'

Pan oedd yr osgordd angladdol yn teithio o Gorris i'r amlosgfa yn Aberystwyth, gwelid y geiriau canlynol ar das o fyrnau silwair ar fferm yn Nerwen-las:

COFIWCH G.R.
AM HYNNY BYDDWCH CHWITHAU BAROD

Roedd ganddo hiwmor unigryw a fyddai bron yn ddieithriad yn ymwneud mewn rhyw ffordd neu gilydd â'i ddaliadau gwleidyddol. Ar ddiwrnod dadorchuddio cofeb Owain Glyndŵr ym Machynlleth, aeth Glyn a nifer o'i cydnabod at y gofeb. Roedd nifer o faneri Glyndŵr a'r Ddraig Goch yn chwifio yn y gwynt, ond roedd Glyn yn cario baner Jac yr Undeb a honno'n llusgo'r llawr. Wedi rhai anerchiadau, dyma Glyn yn mynd i losgi'r faner ond roedd heb sylwi bod y geiriau *Fire Resistant* ar ei chornel! Roedd pawb yn gweld ochor ddoniol y sefyllfa, yna dyma Glyn yn gafael yn y meicroffon a dweud, 'Os na losga i chi'r diawled, mi *swinjia* i chi!' Cafwyd petrol o rywle a chlamp o ffagl, a Glyn yn wên i gyd.

Un noson, ac yntau yng nghwmni Wil Lloyd y cigydd o Fachynlleth mewn tafarn, aeth y sgwrs at broblem y mewnlifiad, ac meddai Glyn: 'Rwyt ti'n lwcus iawn fod dy deulu di wedi symud o Gorris acw. Wyddost ti be, mae'r blwming Saeson 'ma'n prynu popeth yn Corris ac Aberllefenni cyn i'r bobol leol glywed eu bod ar werth. Fydd dim ar ôl acw'n fuan iawn.'

'Rwyt ti'n gor-ddweud rŵan, Glyn', meddai Wil.

'Nag'dw, myn diaw! Mi ddweda i wrthat ti be ddigwyddodd i mi y diwrnod o'r blaen. Wrth ddod adre trwy

Ddolgellau o'r gwaith, mi brynis gopi o'r *Dydd* [papur Dolgellau]. Wedi mynd adre, mi es i'r toiled yn nhop yr ardd, a dyna lle roeddwn yn gwneud fy musnes a darllen *Y Dydd* . . . Erbyn 'mod i'n barod i sychu 'mhen-ôl, roedd rhyw ddiawl o Birmingham wedi dod a phrynu'r rholyn papur toiled!'

Fe fydd pobl Bro Ddyfi a llawer pellach yn cofio Glyn am ei ddaliadau gwleidyddol, ei aberth, ei hiwmor a'i gyfeillgarwch.

John Ellis Lewis
(John Foeldrehaearn)

Aeth Ionawr eleni â John Ellis Lewis, Dolanog (John Foeldrehaearn neu Jac y Foel) o'n plith yn frawychus o sydyn. Dôi o'r un teulu â'r emynyddes Ann Griffiths, ac roedd John yn falch iawn o hynny.

Fe'i ganed yn Foeldrehaearn yn 1927, yn blentyn ieuengaf i John a Jane Lewis, ac yn frawd i Morfydd, Foelina a Dolana.

Cawsom eisoes hanes Morfydd [Thomas] ei chwaer yn gynharach yn y gyfrol hon. Eu mam oedd y cysylltiad teuluol ag Ann Griffiths, yn or-wyres i Elizabeth, chwaer Ann. Ac ar aelwyd ddiwylliedig y Foel, rhoddid pwyslais mawr ar ddysgu adnodau a barddoniaeth.

Cerddai John gyda'i chwiorydd i ysgol Dolanog, tua dwy filltir i ffwrdd, a sylwi ar fyd natur, boed yn blanhigyn, aderyn, neu anifail wrth deithio i'r ysgol, a pharhaodd y diddordeb yma ar hyd ei oes. Gadawodd ysgol Dolanog ac aeth adre i helpu ei dad ar y fferm, ac ni symudodd oddi yno weddill ei oes. Bu'n briod â Glenys, merch y Groe, am dros ddeugain mlynedd, a chawsant ddau o feibion, Edfryn a Glandon.

Mae'r atgofion cyntaf sydd gen i o'r teulu tua deugain mlynedd yn ôl, pan ddeuent i gystadlu yn Eisteddfod Llanwddyn. Deuthum i adnabod y teulu'n llawer gwell pan oeddem yn ein harddegau ac yn mynd i'r Foel am baned ar nos Sadwrn. Bûm yn mynd yno hefyd i bluo am rai blynyddoedd – bu teulu Moeldrehaearn yn magu twrcïod am tua chanrif.

Roedd John yn un ffraeth ei dafod ac yn un difyr i fod yn ei gwmni, gyda rhyw hiwmor a thynnu coes yn rhan o'i gyfansoddiad. Er enghraifft, rai blynyddoedd yn ôl roeddwn yn ceisio casglu gwybodaeth am unrhyw dylluanod gwynion a welwyd yn yr ardal, a rhoddais apêl yn y papur bro. Dyma'r ffôn yn canu.

'Tyrd draw yma rŵan,' meddai John Ellis. 'Dwi'n gwybod ble ma 'na dylluan wen.'

'Reit Jac,' meddwn innau, ac i ffwrdd â mi. Ar ôl bod yn sgwrsio ym Moeldrehaearn am dipyn dywedais, 'Wel Jac, ble welsoch chi dylluan wen?' Eisteddodd yn ôl yn ei gadair, gwenodd, a phwyntiodd fys at dylluan tsieni ar y dreser. 'Dacw hi,' meddai. Erbyn deall, roedd Glenys ei wraig yn hoff iawn o dylluanod ac mae'n debyg fod rhywun wedi rhoi'r dylluan tsieni iddi'n anrheg. Cafodd Jac ei blesio'n fawr – fe ddylswn fod wedi gwybod yn well!

Byddai'n fy ffonio'n rheolaidd, a dechreuai'r alwad yn aml gyda'r ymadrodd 'Gŵr y tŷ ger y tân', ac yna byddai rhyw dinc arbennig yn ei lais pan ddywedai 'Hwyl' ar y diwedd. Mae'n siŵr fod bil ffôn y Foel hyd braich yn aml!

Roedd ganddo wybodaeth am lawer iawn o bethau. Roedd achau teuluoedd lleol ar flaenau ei fysedd a gwyddai lawer o hanes yr ardal. Ymddiddorai mewn hen feddyginiaethau – credai'n gryf fod finegr yn gymorth i wella nifer o anhwylderau corfforol. Fel ffermwr, sylwai'n fanwl ar y lleuad a'r sêr a ble roedd y gwynt ar droad y rhod. O sôn am ffermio, diddorol cofio mai John Ellis a brynodd y penied olaf yn hen farchnad y Trallwm – sef deg o ŵyn benyw. Magodd ugeiniau o ddaeargwn dros y blynyddoedd hefyd, ac roedd yn saethwr heb ei ail. Bu'n hela'r llwynog ar hyd ei oes, a chafodd nifer ohonom ei gwmni mewn helfa y dydd cyn iddo farw. Credaf weithiau mai wrth hela y byddai John hapusaf.

Dros y blynyddoedd, ysgrifennodd ddwsinau o gerddi – llawer ohonynt am droeon trwstan, ond roedd yna gerddi dwys hefyd – a bu'n aelod o sawl tîm Ymryson y Beirdd. Dechreuwyd casglu ei farddoniaeth at ei gilydd, a'r hyn sy'n drist yw mai cyfrol goffa fydd hi bellach.

Dyma i chi flas o'i waith:

Hardda lle y gwn amdano
Ydyw'r man nas gwelais eto;
Dal i ddisgwyl yr olygfa
Nad yw'n bod yr ochr yma.

A phennill o gerdd a ysgrifennodd ar enedigaeth Betsan, ei wyres gyntaf, a'r wlad dan eira:

Dwi'n cofio'r bore cynta
Y daethost ti i'r byd,
Pan godwyd yn y bore
A'r lle yn wyn i gyd;
A boed i d'yrfa dithau
Ddisgleirio o hyd yn lân,
Fel bod dy fywyd, Betsan,
Yn wyn fel eira mân.

A phennill bach mewn cywair ysgafnach:

Gwelais *blonde* ar draeth y Bermo
'Min yr heli'n mwyn dorheulo,
Sylweddoli wnes yn sydyn:
Na, nid aur yw popeth melyn!

Roedd ganddo gof anhygoel; medrai adrodd ar ei gof gannoedd o benillion ac englynion. Cefnogai eisteddfodau lleol ac roedd yn aelod o Orsedd Beirdd Eisteddfod Powys.

Bu'n ffyddlon i Gapel Saron ar hyd ei oes, ac ef oedd arweinydd y gân yno am flynyddoedd lawer. Canodd hefyd mewn plygeiniau am gyfnod maith.

Fi gafodd y fraint o dalu teyrnged iddo yn ei angladd, a dewisais ei chloi gyda'r penillion hyn i gofio hen ffrind:

Cofio wnawn am ŵr arbennig;
Jac y Foel sydd wedi mynd
Cyn ffarwelio â'i gyfeillion,
Ardal gyfan gollodd ffrind.

Dyma geidwad y diwylliant
'Rhyd ei oes ym mro'r hen Ann:
Cyngerdd, plygain ac eisteddfod –
Gwelwyd ef yn gwneud ei ran.

Bardd, limrigwr ac englynwr,
Ysgrifennodd gerddi lu;
Os digwyddai tro anffodus
Byddai'r hanes yn y 'Plu'.

Hela'r llwynog ers yn ifanc
Gyda'r helgwn fu y gŵr,
A phan ddeuai'r cadno heibio
Roedd ei ergyd yn go siŵr.

Diolch wnawn am gwmni dedwydd,
Ac atgofion lawer iawn
Am werinwr Moeldrehaearn –
Dyn y 'Pethe', mawr ei ddawn.

Samuel Evans
(Sam Pennal)

Mae'r enw Samuel Evans yn swnio'n ddiarth iawn wrth sôn am y cymeriad arbennig yma – 'Sam Pennal' ydi o i bawb sy'n ei nabod. Dyw Pennal ddim ym

Maldwyn, wrth gwrs, ond er bod Sam wedi byw gydol ei oes ychydig y tu allan i ffiniau'r gyfrol hon, bu rhan helaeth o'i waith yma ym Maldwyn a theg felly ei hawlio yn un o wir gymeriadau ein sir.

Ganwyd a magwyd ef yn un o wyth o blant – bechgyn i gyd – yn Abertrinant, Meirionnydd, a Sam oedd yr hynaf. Cafodd y teulu brofedigaeth enbyd yn y pedwardegau cynnar. Roedd tri o'r plant yn crwydro ar y mynydd ger eu cartref ac fe ddarganfuon nhw rywbeth anghyffredin na wyddent beth ydoedd, ac wrth ei archwilio fe ffrwydrodd a lladd y tri. Bom oedd hi, wedi ei gollwng o awyren Almaenaidd ar ddechrau'r rhyfel.

Yn 1941, yn bedair ar ddeg oed, gadawodd Sam yr ysgol un dydd Gwener ac erbyn y Llun canlynol roedd ar fferm ym Market Harborough yn torri ysgall gyda phladur ar gant a phymtheg erw o dir, ac yno y bu am fis cyfan. Yna daeth yn ôl i Feirion i wasanaethu ar ffermydd hyd 1943, nes bu raid iddo ymuno â'r fyddin hyd 1946.

Wedi dychwelyd o'r fyddin aeth i weithio i'r 'War Ag' a dyna a wnaeth hyd 1953, yn aredig a thrin tir i'r Weinyddiaeth Amaeth. Roedd y peiriannau a'r defnyddiau i bob pwrpas wedi dod yn rhan annatod ohono. Cofir amdano'n crwydro ffyrdd y cylch a chynifer â phump o beiriannau'n llusgo y tu ôl i'w dractor o un fferm i'r llall.

O 1953 ymlaen bu'n gontractiwr hunangyflogedig, a byddai'n mynd i aredig, dyrnu, hau a gwneud pob math o waith arall ar ffermydd ym Meirion a Maldwyn. Sicrhaodd y peiriannau oedd yn perthyn i'r 'War Ag' yn eiddo iddo'i hun, a gwneud llawer ohonynt i fyny nes eu bod fel newydd. Bu hefyd yn casglu pob math o hen offer a pheiriannau amaethyddol, ac mae casgliad anhygoel ohonynt yn ei feddiant erbyn heddiw.

Fe brynodd injan ddyrnu mewn arwerthiant yn Sleaford, Swydd Lincoln, yn niwedd y pumdegau, heb unrhyw syniad sut y gallai ddod â hi adref i Bennal! Yn y diwedd, un ateb oedd 'na, sef ei llusgo'r holl ffordd adref y tu ôl i dractor Fordson Major. Cychwyn o Sleaford am wyth o'r gloch ddydd Gwener a chyrraedd Pennal am hanner awr wedi tri brynhawn Sadwrn! Mae'n dal i fynnu fod y siwrnai o ddau gan milltir wedi'i chwblhau ar ddau lond tanc o TVO.

Ymddeolodd yn y flwyddyn 2000 – os 'ymddeol' yw'r gair cywir, gan nad yw wedi arafu dim. Gwelir ef a'i fêt Elwyn Tan y Ffordd ym mhob arwerthiant, pell ac agos, yn chwilio am hen beiriannau ac offer amaethyddol o'r oes a fu ac yn eu prynu, ac yna yn ei sièd anferthol ym Mhennal yn eu hadnewyddu nes eu bod yn werth eu gweld.

Os digwydd ichi weld Sam neu Elwyn yn gwisgo unrhyw beth heblaw *boiler suit*, bydd rhywbeth arbennig iawn ymlaen ganddynt y diwrnod hwnnw, a phur anaml y bydd hynny'n digwydd! Mae'r ddau'n tynnu ar ei gilydd bob amser, a'r naill neu'r llall yn mynnu cael y gair olaf bob tro.

Roedd y ddau wedi penderfynu mynd i'r Sioe Frenhinol yn Llanelwedd un flwyddyn, a'r trefniant oedd eu bod yn cwrdd wrth y cloc ym Machynlleth am saith o'r gloch y bore. Arhosodd Sam yno tan ddeng munud wedi saith a dim sôn am Elwyn, ac ymlaen â Sam yn ei fan, ar ei ben ei hun, i'r sioe. Yno cwrddodd â ffarmwr o Fro Ddyfi, ac o weld Sam wrtho'i hun, holodd hwnnw: 'Lle mae Elwyn efo ti heddiw, Sam?' Ac meddai Sam, 'Mae o'n cael operation heddiw.' '*Ydi* o? Ar beth?' 'Operation i dynnu'i ddwylo o'i bocedi.'

Rai dyddiau'n ddiweddarach cwrddodd y ffarmwr ag

Elwyn ar y stryd ym Machynlleth, ac adroddodd yr hanes wrtho. Ymhen rhyw ddeufis wedyn roedd Sam ac Elwyn mewn arwerthiant yn Nolgellau, a thua amser cinio aeth Sam at y fan byrgyrs i moyn rhywbeth i'w fwyta, gan adael Elwyn ar ei ben ei hun. Pwy ddaeth at Elwyn ond y ffermwr o Fro Ddyfi, gan holi ble roedd Sam. 'Mae o'n cael operation.' 'Ar be, felly?' 'I'w gael o allan o'i *boiler suit* i fynd i Balas Buckingham i gael yr MBE!'

Ymhlith casgliad Sam o hen beiriannau mae tri Fordson Bach 1939, Fordson Major 1952 petrol a pharaffîn, Fordson Major Diesel 1956, Power Major 1958, Power Major 1962 a hen Super Major; tair injan ddyrnu, dau feindar, Albion chaffcutter a dau Jones Baler, yn ogystal â chasgliad anhygoel o bob math o bethau eraill a ddefnyddid ar ffermydd Cymru yn y dyddiau a fu.

Ef yw un o sylfaenwyr Cymdeithas Hen Beiriannau Meirionnydd, ac mae hefyd wedi codi miloedd o arian i wahanol achosion trwy gynnal arddangosfeydd dyrnu, aredig ac ati ledled gogledd Cymru.

Yn rhestr anrhydeddau'r Frenhines ar ddechrau 2009 anrhydeddwyd Sam â'r MBE. Ymhen diwrnod neu ddau wedyn derbyniodd res o benillion trwy'r post. Roedd Samuel Evans MBE wrth ei fodd!

Tybed a aeth o i gwrdd â'r Frenhines mewn *boiler suit*? Neu efallai bod yr achlysur hwnnw'n haeddu siwt!

Dyma ddetholiad o'r penillion a dderbyniodd Sam (yn ddienw, wrth gwrs):

> Hen dractor efo dyrnwr
> Gychwynnodd fore Llun
> Bob cam i lawr o Bennal
> I Lundain at y Cwîn.

Roedd Elwyn Tan y Ffordd
Eisiau gwneud ei ran,
Aeth o'r tu blaen fel escort
Â fflashers ar ei fan.

Yn Soho rhaid oedd stopio
I gael dŵr i'r tractor mawr;
Aeth Sam i mewn â bwced
I le *striptease* yn awr.

'I'll give you water, dear,
And maybe give you more . . .'
'Can't cope with that,' medd Sami,
'By now I'm eighty four.

'But I have a mate outside there,
He's only eighty two –
Have a word with Elwyn
To see what he can do.'

Ymlaen yr aeth y *traction*
I Balas Buckingham,
A'r dyrnwr mawr a'r beilyr
A barciwyd yn y fan.

Y Cwîn ddaeth draw o rywle
A dweud, 'How are you, Sam?'
Rhoi'r MBE wnaeth iddo;
Medd yntau, 'Thank you, Mam!'

Wel Sam, llongyfarchiadau,
Dyna rŷm oll yn ddweud;
Fe haeddi bob anrhydedd
Am 'r hyn rwyt wedi'i wneud.

Arwyn Evans, Tŷ Isaf

LLUN: TEGWYN ROBERTS

Mae 'na un aelwyd ym mhlwyf Llanfair Caereinion sydd, trwy'r blynyddoedd, mi greda i, wedi bod yn adlewyrchiad perffaith o ddiwylliant Maldwyn ar ei orau. Aelwyd Tŷ Isaf, Rhiwhiriaeth, ydi honno. Erbyn heddiw, mae Tŷ Isaf yn gartref i Arwyn Evans ('Tŷ Isa' neu 'Tis', fel y caiff ei nabod) a'i dad, Emlyn Evans.

Daeth y teulu i Dŷ Isaf gyntaf yn 1910, o Gwm Cownwy, Llanwddyn. Mae gan Emlyn Evans doreth o atgofion am yr hen ddulliau o amaethu yng nghyfnod ei dad yntau. Cofia weithio ceffylau gwedd, a defnyddio pren grit i hogi pladur; unwaith gwelodd geffyl yn cael ei waedu â fflaim (cyllell arbennig a ddefnyddid i waedu anifail). Arferent gadw moch ar y fferm ac roedd yno faedd hefyd, a deuai pobl yr ardal â'u hychod i Tŷ Isaf. Bu Emlyn Evans yn ddyn gwn brwdfrydig pan oedd yn iau, ac roedd arian cwningod yn gymorth mawr ar adegau pan fyddai'n anodd cael dau ben llinyn ynghyd.

Yn ôl ei ddiweddar wraig, Mrs Llinos Evans, cwningod a dalodd am y fodrwy briodas! Gweithio yn Swyddfa'r Post yn Llanfair Caereinion y byddai Llinos Evans. Bu hi'n ohebydd i'r papur bro *Plu'r Gweunydd* o'i ddechreuad yn 1978, ac yn un hollol ddibynadwy wrth gasglu'r newyddion.

Nid yw'n hawdd gwybod ble i ddechrau sôn am y *mab*! Dyn pobl ydi o, ac mae ganddo'r ddawn i gyfathrebu'n rhwydd â phawb. Ni ellid cymysgu'i lais dwfn na'i 'Ffor ma 'i?' â neb arall. Hen lanc ydi o – on'd yw'n rhyfeddod na fuasai rhyw 'lodes fêch glên' o rywle wedi'i fachu?!

Fel ei rieni mae Arwyn yn dalp o ddiwylliant, a bu'n weithiwr diflino gyda ieuenctid yr ardal. Cariodd genedlaethau o bobl ifanc mewn gwahanol *pick-ups* i ymarferion Aelwyd Penllys. Bu'n un o hoelion wyth yr Aelwyd honno dros y blynyddoedd, gan gynnwys y cyfnod pan oedd yr Aelwyd dan arweiniad brwdfrydig y diweddar Elfed Lewys. Mae ganddo barch ac edmygedd mawr tuag at Elfed, ac mae'n ymhyfrydu yn y ffaith y bu'n gyfaill personol ac agos iddo. Derbyniodd Arwyn yntau rodd arbennig am ei gyfraniad i Aelwyd Penllys yng nghyfarfod dathlu hanner can mlynedd yr Aelwyd, sef llun o gi defaid gydag englyn enwog Thomas Richards arno.

Bu'n aelod o Gwmni Theatr Maldwyn ers y dechrau, a mawr fu ei gymwynas iddynt yn cludo offer a setiau dros Gymru gyfan. Bu'n actio mewn dramâu lleol hefyd dros y blynyddoedd – ac mae'n gerddor brwdfrydig iawn! Pa ryfedd, a'i dad wedi bod yn aelod o Gôr Meibion Llanfair Caereinion ers ei ffurfio yn y pumdegau, ac yn arweinydd y côr hefyd. Dywed Tis ei fod o 'i hun yn hoff o bob math o ganu digyfeiliant – hynny ydi, os ydi'r canu'n dda! Gwnaeth yntau gyfraniad aruthrol i Gôr Meibion Llanfair Caereinion. Bu'n canu gyda hwy er pan oedd yn ddwy ar bymtheg oed. Ac, wrth gwrs, canodd lawer iawn mewn partïon plygain gyda'i dad, ac mae'n ymfalchïo ym mhoblogrwydd y blygain ar hyn o bryd. Nhw'u dau ydi asgwrn cefn Plygain Seilo, Llanfair Caereinion, ers ei sefydlu ynghanol pumdegau'r ganrif ddiwethaf.

Cafodd ei dderbyn yn aelod o Orsedd Eisteddfod Powys pan fu'r eisteddfod yn Llanfair, a'i enw barddol yw 'Tŷ Isaf'. Cafodd hefyd ei anrhydeddu yn Eisteddfod Genedlaethol yr Urdd, Caerdydd, pan dderbyniodd Dlws John a Ceridwen Hughes am ei gyfraniad amhrisiadwy gyda ieuenctid Maldwyn.

Serch hynny, deil i fod yn ddyn ei filltir sgwâr, ac mae ei gynefin lleol yn agosach at ei galon nag unman arall. Deil i gynorthwyo ar nifer o ffermydd yr ardal ble mae'n uchel ei barch fel cymwynaswr, gan ddilyn yr hen arferiad sydd bron â diflannu o'r tir. Mae'n stocmon a ffermwr craff sy'n dilyn ôl traed ei dad, ac yn ffermio mewn cytgord ag o – neu â'r 'Boss', fel y bydd Arwyn yn ei alw!

William John Davies
(W. J. Llanbryn-mair)

Mae 'na sawl W. J. yng Nghymru ond does yna ddim ond un o'r rhain: y W. J. a roddodd ddeugain mlynedd o wasanaeth i'r Eisteddfod Genedlaethol, yn gofalu bod pethau'n rhedeg fel wats ar lwyfan y Pafiliwn.

Cafodd ei eni a'i fagu yn un o ddau fab ar fferm Cae Talhaearn – neu Catel ar lafar gwlad – yn Comins-coch ger

Machynlleth, yn nauddegau'r ganrif diwethaf. Yn ysgol y Comins y cafodd ei addysg ffurfiol, a gadael yr ysgol yn bedair ar ddeg oed i wasanaethu ar ffermydd lleol. Ni fu'n hir cyn iddo fynd i weithio ar fferm Frongoch gyda John Jones, un arall y cofnodir ei hanes yn y gyfrol yma. Byddwch yn deall felly mai yno yn y Frongoch y bu addysg uwchradd a cholegol William John – yn derbyn prentisiaeth hollol naturiol ac anffurfiol fel garddwr, saer, adeiladwr a llawer mwy.

Bu W. J. yn un ffraeth erioed. Dyma un enghraifft fach! Pan oedd yn ifanc, yr arferiad oedd fod un gweithiwr o bob fferm yn cynorthwyo ar ddiwrnod dyrnu ym mhob fferm gyfagos. Y diwrnod hwn, tro Bryn Moel oedd hi – fferm fynyddig â'r tŷ'n hynafol iawn, a ffenestri bychain ynddo oedd yn golygu ei bod yn eithaf tywyll y tu mewn. Amser cinio, a phawb yn eistedd o gwmpas y bwrdd a William â'i gefn at y ffenest, dyma rywun yn dweud: 'Dydi'r tŷ yma'n hen ac yn ddiddorol?' Ac meddai William: 'Ydi mae o – ac yn gythrel o le da i fwyta cig gwyn.'

Yn weddol ifanc, gadawodd y gwaith amaethyddol a mynd at adeiladwr lleol, lle bu'n gweithio am gyfnod hir. Medrai droi ei law at unrhyw orchwyl yn y byd adeiladu, a hynny'n hollol broffesiynol. Wedi i'r adeiladwr a'i cyflogai ymddeol, aeth i weithio i gwmni Laura Ashley yn cynnal a chadw'r adeiladau. Bu'n rhan bwysig iawn o'r busnes enfawr yma, yn gyfaill agos iawn i'r Ashleys ac yn gymeradwy iawn gyda'r holl weithlu.

Priododd â merch o sir Aberteifi, a chartrefu yn y Comins yn gyntaf ac yna yn Llanbryn-mair, a chawsant bedwar o blant. Cafodd ei unig fab, Alun, ei daro â'r afiechyd creulon MS, a bu'r gofal a gafodd gan ei dad a'i fam y gorau y gallasai neb ei gael. Ymhen rhai blynyddoedd bu farw Alun, a W. J. wrthi'n hollol ddiflino wedyn am flynyddoedd lawer yn codi arian ac yn cynorthwyo Cymdeithas yr MS ym Maldwyn ac yn genedlaethol.

Ym 1965 daeth yr Eisteddfod Genedlaethol i'r Drenewydd, a dyna pryd y cychwynnodd W. J. fel stiward llwyfan. Am y tri deg naw mlynedd nesaf bu'n gyfrifol am bob agwedd ar drefniadau llwyfan y Brifwyl, gan gysgu yng nghefn y llwyfan ym mhob eisteddfod.

Mae'n debyg i sawl tro trwstan ddigwydd yn y cefndir, ond digwyddodd *un* gweladwy iawn i'r eisteddfodwyr ac i wylwyr teledu lledled Cymru. A William (gyda help un neu ddau arall) yn symud y piano drudfawr ar y llwyfan, fe dorrodd un o goesau'r piano. Panics gwyllt fyddai hyn wedi'i olygu i bawb arall, ond ddim iddo fo! Aeth ati'n bwyllog i roi'r goes yn ei hôl fel y gallai'r gystadleuaeth fynd yn ei blaen, a gwneud hynny mor ddirodres â phe bai'n trwsio stôl odro ar y fferm.

Yn 2003, ac yntau erbyn hyn yn ei wythdegau, rhoddodd y gorau i'w ddyletswyddau ar lwyfannau'r Brifwyl a chael ei urddo i'r Wisg Wen yn yr Orsedd am ei gyfraniad clodwiw i'r Eisteddfod (cawsai ei urddo i'r Wisg Werdd ymhell cyn hynny).

Ond dal i wasnaethu'n wirfoddol mewn amryfal ffyrdd eraill y mae W. J. o hyd. Mae'n aelod arbennig o Orsedd Talaith a Chadair Powys, ac ers blynyddoedd lawer ef yw prif drefnydd y seremonïau. Bu hefyd yn dal llawer o swyddi yn y gymuned – y Cyngor Bro, y sioe leol ac yn y blaen. Mae'n werth ei weld o pan mae'n trefnu rhywbeth. Seremonïau Gorsedd Powys, er enghraifft. Mae'n union fel rhyw 'Sargeant Major' gyda chatrawd o filwyr, yn rhoi ordors i bawb a phawb yn ufuddhau'n ddigwestiwn! Yr hyn sy'n bwysig yw bod yna raen ar bopeth y bydd W. J. yn ymwneud ag o.

Mae bellach yn ŵr gweddw ers llawer blwyddyn, ond yn dal i arddio dwy ardd enfawr o lysiau a blodau o bob math. Mae'n rhannu llawer o'r cynnyrch i'w ffrindiau, ond yn defnyddio llawer iawn hefyd i wneud picls, *chutney* a phob math o jam ac ati. Yn ei gartref mae cwpwrdd enfawr yn llawn o'r cynnyrch yma, ac nid oes llawer o debyg i neb alw yn ei gartref a gadael oddi yno heb ddwy neu dair jaried o wahanol bethau. Mae'n arbenigwr ar bob math o gacennau hefyd, ac yn enwog am ei fara brith.

Cafodd glun newydd rai blynyddoedd yn ôl, ac ymhen ychydig iawn o amser roedd yn gwneud popeth fel cynt. Nid oedd ffyn baglau a William yn fêts o gwbwl.

Mae'n storïwr heb ei ail, ac atgofion lu ganddo am bob math o ddigwyddiadau. Yr unig broblem yw, os bydd iddo gychwyn ar stori, wnewch chi ddim llawer o ddim byd arall y diwrnod hwnnw! Ydi, mae o'n storïwr diddorol, a thua thraean o bob stori'n cynnwys y tri gair y mae o mor hoff o'u defnyddio, sef 'wyddost ti, yndê . . .'

Ac wrth gloi, dywedaf innau wrth William John: 'Wyddost ti, yndê, Wil – rwyt ti'n uffarn o foi ac yn werth dy nabod.'

Sarah Maud Hughes

Gwraig yn ei hwythdegau yw Sarah Maud Hughes, neu Sara Maud fel y'i hadwaenir gan bawb bron. Magwyd hi ym mhentref Carno ac yno mae hi wedi byw gydol ei hoes. Fel llawer o wragedd eraill y cylch, mae'n gymeriad bywiog, llawn hwyl bob amser. Ond mae 'na un peth a wna Sara Maud yn wahanol – ac yn weddol unigryw bellach – mae hi'n meddu ar y ddawn o wella cleifion trwy 'fesur yr edau wlân'.

* * *

Yn ôl a ddeallaf i, dyw'r ddawn anhygoel yma ddim i'w chael yn unlle ond yma yng Nghanolbarth Cymru – roedd sôn amdani yng ngogledd Ceredigion, ond mae'n sicr yn dal i ddigwydd yn ne Maldwyn.

Mae'n debyg bod y ddawn ryfedd hon yn mynd yn ôl i gyfnod rhyw gonsuriwr enwog oedd yn byw yn Llangurig yn y ddeunawfed ganrif neu'r bedwaredd ar bymtheg, a cheir cyfeiriad ato yn y *Montgomeryshire Collections*. Mae cyfeiriad at hyn hefyd yn *Folk-lore of West and mid-Wales* gan Jonathan Ceredig Davies (1911). Yn fy oes i, mi gofiaf ryw hanner dwsin oedd yn meddu ar y ddawn, ond erbyn hyn ychydig iawn ohonynt sydd ar ôl.

Nid oes neb sy'n gallu'i hymarfer yn barod i ddatgelu'r gyfrinach, ond o'r wybodaeth y llwyddais i i gael gafael arni, rhywbeth yn debyg i hyn ydyw – ond mae'n gymhleth! Rhaid cael edau wlân Gymreig a honno'n dair cainc ('three ply'), a gwna'r sawl sy'n 'mesur' dri chwlwm ar ben yr edau. Rhaid cael tair ffaith am y claf – ei enw llawn, ei gyfeiriad yn llawn, a'i oed i'r mis. Nid yw'n angenrheidiol i'r claf fod yn bresennol, na chwaith iddo wybod fod y mesuriad yn cael ei wneud. Mae'r mesurwr yn mesur tri hyd o'i benelin i flaen y bys hiraf, ac yna'n cael rhywun i sicrhau yr union fan ar yr edau wlân y mae'r mesuriad yma'n ei gyrraedd cyn ei thorri.

Yna, wrth i'r mesurydd ganolbwyntio'n gyfan gwbl, mae'n mesur eilwaith ac yna'r drydedd waith, a gwelir fod yr edau yn byrhau bob tro. Os yw'n byrhau cryn dipyn, mae'r claf yn wael iawn. Os nad oes llawer o wahaniaeth yn yr hyd, nid yw'n rhy ddrwg. Ond os yw'r edau yn fyr, bydd y mesurwr yn dal i fesur hyd nes y bydd y claf yn glir – hynny yw, fod yr edau wlân wedi dod yn ôl i'w hyd gwreiddiol. Gall hyn gymryd dyddiau mewn rhai achosion. Yn y diwedd, bydd yr edau wedi ymestyn o bosibl yn hirach na'r mesur gwreiddiol; dywedir wedyn fod gan y claf dipyn wrth gefn.

Tybed ai'r hyn a wneir wrth fesur yw, nid yn uniongyrchol wella'r salwch, ond dileu iselder ysbryd yn y claf fel ei fod yn cael yr hyder i oresgyn y broblem?

Beth bynnag sy'n digwydd, mae'n bendant yn gweithio. Dyma dair enghraifft y clywais amdanynt sy'n profi dirgelwch yr arferiad hynod hwn:

Roedd merch ifanc o gylch Mallwyd yn dod at ŵr yn Llanbryn-mair yn rheolaidd i ddysgu adrodd ar gyfer cystadlu mewn eisteddfodau. Un noson arbennig roedd hi'n ddi-hwyl ac yn cwyno'n arw. Dywedodd yr hyfforddwr wrthi, 'Mi adawn ni'r adrodd am heno, ac os na fyddi di'n teimlo'n well erbyn y bore, dos draw i Groesheol at Inigo Davies i fesur yr edau, ac mi gei di weld y byddi di'n iawn wedyn.' Roedd Inigo Davies yn hysbys yng nghylch Llanbryn-mair am feddu'r ddawn hynod yma ganol yr ugeinfed ganrif. Fore trannoeth aeth tad y ferch i Groesheol a mesurwyd yr edau. Ni wyddai'r gŵr a hyfforddai'r ferch i adrodd ei bod wedi cael ei mesur gan Inigo Davies mor fuan, a'r pnawn hwnnw pwy ddigwyddodd alw yng nghartref yr hyfforddwr yn Llanbryn-mair ond Arthur Price o Derwen-las, un arall oedd yn meddu'r ddawn. Dywedwyd wrtho am y ferch yma, a rhoi'r manylion angenrheidiol iddo. Mesurodd Arthur Price yr edau yn y fan a'r lle, ac meddai, 'Fedra i ddim codi dim arni; mae rhywun arall wedi'i mesur hi o 'mlaen i.'

Aeth llanc o Fro Ddyfi i Wersyll Glan-llyn am bythefnos, ac yno roedd merch oedd wedi cael swydd dysgu yn Rhuthun a chanddi gyfeiriad lle y gallai gael llety yno. Aeth y ddau i Ruthun i drefnu'r llety at ddechrau mis Medi. Yn eu disgwyl yn y tŷ yn Rhuthun roedd gŵr, gwraig a dau o blant, ynghyd â mam y gŵr oedd yn bur wael ei hiechyd. Eglurodd y llanc i'r teulu am yr arferiad o fesur edau wlân ym Mro Ddyfi, a chynigiodd fynd â manylion yr hen wraig i gael mesur yr edau wedi iddo dychwelyd adref o Glanllyn, ac felly y bu. Mesurodd Arthur Price yr edau i'r llanc, ac wedi gwneud hynny, meddai: 'Gad i ni ei mesur eto.' Yna gofynnodd, 'Ydi hi'n berthynas i ti?' Eglurwyd y cefndir iddo, ac meddai Arthur, 'Mae hi wedi marw.' Yn ddiweddarach, deallodd y llanc gan y ferch fod hynny'n wir.

Roedd merch o Faldwyn oedd yn fyfyrwraig ym Mhrifysgol Bangor yn arfer gofidio'n arw ar adegau pan fyddai arholiad ar y gorwel, i'r graddau ei bod yn gwneud ei hun yn sâl. Yr ateb a gafwyd i'r broblem oedd fod Sarah Maud Hughes yn mesur yr edau ar y ferch yma tua diwrnod neu ddau cyn yr arholiadau bob tro. Byddai hyn yn lleihau ei gofid, ac yn ei galluogi i wynebu'r arholiadau yn fwy hyderus.

* * *

Yng nghartref Sarah Maud, mae yna system ffeilio sy'n llawn manylion am rai cannoedd o'r rhai y mae hi wedi – ac yn – eu mesur o bob rhan o Brydain.

Bellach, a hithau'n wraig weddw, mae wedi dyfeisio ffordd o glymu'r edau i radio fechan ar y bwrdd, fel ei bod yn medru mesur ar ei phen ei hun.

Mae'n dal i ymarfer y ddawn yn rheolaidd, a llu o bobol yn ddyledus iddi am ei hymroddiad ers degawdau.

Un tro, ar ôl gwella Iorwerth Williams, y bardd gwlad o Lanbryn-mair (Iori Pengraig, fel y câi ei alw yn lleol), derbyniodd Sarah Maud y penillion canlynol ganddo:

Mae trefnwyr angladdau yn poeni
Yn enbyd am fod Sarah Maud
Yn gwella holl gleifion yr ardal –
Fydd dim marwolaethau yn bod.

Fe welir rhai diarth yn gyson
Yn ciwio wrth y drws yn Llwyn Onn;
Bydd meddygon Harley Street Llundain
Yn galw am gyngor gan hon.

Os cewch chithau dwtsh o anhwylder
Ac y bydd rhyw iselder yn bod,
Os methu a wna'r arbenigwyr,
Ewch draw i weld Sarah Maud.

Fe'i gwelwyd hi ar y teledu,
Un noson, yn dangos ei dawn;
Rhy gymhleth yn wir oedd y broses
I mi allu'i deall yn iawn!

Gall Sarah ddweud mewn byr amser
Os ydych yn glaf neu yn lân,
Yn union beth ydyw eich cyflwr
Wrth fesur edafedd o wlân.

Iechyd a hoen i'r wraig annwyl
Ddymunaf am flynyddoedd maith,
A gwenau y Nef a fo arni
I gario ymlaen gyda'r gwaith.

Yn awr fe derfynaf fy nghaniad,
Ac i'r wraig nodedig rhof glod,
A diolch a wnaf i'm Creawdwr
Am greu y wraig Sarah Maud.

Dafydd Wyn Jones

Dafydd Wyn Jones yw ei enw bedydd; i'r rhelyw yng Nghymru, fel Dafydd Wyn y caiff ei adnabod; ym Mro Ddyfi, Dei Blaenplwy ydyw o i bawb.

Blaenplwyf yw enw'i gartref yn Aberangell, ac yno mae wedi byw gydol ei oes. Yn aml iawn, cyfeiria Dafydd at y ffaith ei fod yn dal i gysgu yn y llofft lle'i ganed!

Anodd fyddai dychmygu unrhyw ŵr sydd mor eang ei ddiddordebau â Dafydd Wyn, ac wedi chwarae rhan mor arbennig ym mywyd ei fro, ei sir a'i Gymru, fel amaethwr, hanesydd, cynghorydd, eglwyswr, bardd a Chymro. Mae wedi arddel ei genedlaetholdeb yn weladwy ar ochor priffordd yr A470 am o leiaf hanner canrif gyda bathodyn Plaid Cymru i'w weld yn amlwg i bawb ar ei garej ym Mlaenplwy.

Er ei fod erbyn hyn yn ei wythdegau ac wedi ymddeol, mae'n dal i ymddiddori'n fawr ym myd amaethyddiaeth. Dyna fu'n alwedigaeth iddo gydol ei oes, fel ei dad a'i gyndadau. Mae wedi croniclo hanes amaethu yn ei deulu 'nôl dros dair canrif, a chanddo yn ei feddiant ddogfennau sy'n mynd yn ôl i gyfnod ei hen hen daid – a'r rhan fwyaf o'r ffeithiau sydd ynddynt yn fyw yn ei gof. Mewn englyn o'i waith a welir ar fedd ei rieni, llwyddodd i grynhoi taith eu bywyd yn gyfan mewn pedair llinell:

> Ar awr anodd, dau roddwyd – ddoe i fedd,
>   O Fawddwy a Chynllwyd,
>   Ond wedi gwawr, dau a gwyd
>   I Nef holliach o Fallwyd.

Mae Dafydd Wyn yn ymddiddori'n fawr hefyd mewn achau, a phrin yw ei ymweliadau ag unrhyw fan yng Nghymru na fydd wedi holi a chwrdd â rhywun sydd naill ai'n perthyn iddo neu â chysylltiad â Bro Ddyfi neu Fro Cynllwyd. Yn fuan iawn mewn sgwrs fe ddaw: 'Rhoswch chi rŵan, pwy'n union ydach chi? Pwy oedd eich mam, felly? Oedd hi'n dod o . . .?' – a bron yn ddi-ffael, bydd wedi dod o hyd i ryw gysylltiad.

Mae'n honni'n gellweirus fod ganddo ef ei hun gysylltiad â'r teulu Brenhinol – gan ei fod, meddai ef, yn medru olrhain perthynas rhyngddo a Tony Armstrong-Jones! Ond mae un peth yn sicr, Glyndŵr yw ei wir dywysog. Dafydd Wyn yw awdur yr englyn grymus a welir ar gofeb Owain Glyndŵr ym Machynlleth:

> Owain, tydi yw'n dyhead – Owain,
>   Ti piau'n harddeliad,
>   Piau'r her yn ein parhad,
>   A ffrewyll ein deffroad.

Eglwyswr ydyw, ac wedi bod yn ddarllenwr lleyg am flynyddoedd lawer yn eglwysi Mallwyd a Llanymawddwy, a rhyw arbenigedd bob amser i'w wasanaethau. Pan ddeuai rhai o bob cwr o Gymru ar deithiau hanesyddol i Fro Ddyfi, Dafydd fyddai'n arfer eu cwrdd yn eglwys hynafol Mallwyd i adrodd hanes yr eglwys a sôn am gyfraniad yr enwog John Davies, Mallwyd, i fywyd Cymru. Gofid mawr iddo'n ddiweddar oedd gweld eglwys hynafol Llanymawddwy yn cau. Myn Dafydd mai dim ond cau'r drws dros dro a wnaed, ac y bydd yn ailagor eto. Gobeithio'n fawr y caiff hyn ei wireddu er mwyn Dafydd a charedigion eraill yr achos yn y fro.

Bu'n Ynad Heddwch am flynyddoedd, a'i gadernid a'i degwch i'w weld yn glir bob amser. Gwasanaethodd fel Cynghorydd Sir am dros hanner canrif, a hynny mewn cyfnod pan wneid hynny'n wirfoddol. Gwasanaethodd hefyd ar Gyngor Plwyf a Bro, ac ar Gyngor Gwledig Machynlleth, a hynny'n ddoeth ac yn ei ffordd unigryw ei hun. Chwaraeodd ran amlwg iawn mewn sicrhau rhai cannoedd, mae'n debyg, o dai fforddiadwy i bobl ifainc Bro Ddyfi a

Maldwyn, a thyddynnod i alluogu'r ifainc i gael eu troed ar yr ysgol amaethyddol.

Meddai ar ddawn arbennig o gael y maen i'r wal mewn cyfarfodydd Cyngor. Byddai'n dweud rhywbeth ysgafn i gychwyn i sicrhau gwrandawiad ei gyd-gynghorwyr, ac yna, ar ôl dal eu sylw, yn taro'r hoelen ar ei phen. Eithriad fyddai iddo beidio denu'r mwyafrif i gefnogi ei safbwynt. Cynrychioli'i bobol yn y Cyngor roedd Dafydd, nid cynrychioli'r Cyngor ymhlith y bobol.

Un tro, mewn cyfarfod i ddewis aelodau i gynrychioli Cyngor Maldwyn mewn gwahanol ddigwyddiadau, gwnaed cynigiad i aelod arbennig gynrychioli'r Cyngor yn yr Eisteddfod Genedlaethol. Dywedodd yr aelod hwnnw yn ei Saesneg gorau – doedd dim offer cyfieithu ar gael ar y pryd – ei fod yn arfer mynychu'r Eisteddfod Genedlaethol bob blwyddyn, felly llawer gwell fyddai dewis aelod di-Gymraeg nad oedd yn arfer mynd i'r Eisteddfod, fel y gallai hwnnw weld yr iaith Gymraeg ar waith a'r diwylliant Cymraeg ar ei orau, ac yn y blaen. Dewiswyd rhyw Sais o'r Drenewydd i fynd i'r Eisteddfod. Yr eitem nesaf ar yr agenda oedd dewis aelod a'i wraig i fynd i arddwest ym Mhalas Buckingham. Cynigiodd rhywun fod Dafydd Wyn ac Eirwen yn mynd i'r Palas. Fel ergyd o wn, dyma Dafydd ar ei draed a dweud: 'Mr Chairman, it would be much better if you selected someone who is less acquainted with the Royal Family!' – fel petai Tony Armstrong-Jones, y dywysoges Margaret, ei chwaer a'i brawd-yng-nghyfraith ym Mlaenplwy i swper bob nos Sadwrn!

Ar adeg arall, a Dafydd yn gadeirydd y pwyllgor tai, aeth swyddogion y pwyllgor o amgylch stadau tai cyngor y sir i weld pa welliannau roedd angen eu gwneud iddynt. Ar stad

Bryn y Gog ym Machynlleth, dywedodd un cynghorydd: 'Mae'n rhaid i ni wneud rhywbeth ynglŷn â'r graffiti anweddus 'na sydd ar dalcen y garejis.' 'Oes,' meddai Dafydd, 'rhaid i ni gywiro'r sillafu.'

Yn ei ddyddiau ifanc, cynhaliai Euros Bowen ddosbarthiadau cynganeddion yng Nghwmllinau, ac o'r dosbarthiadau hynny sefydlwyd nythaid o feirdd yn y Cwm. Yn eu plith roedd Dafydd Wyn. Unwaith yn unig y bu iddo gystadlu mewn eisteddfod, a'r tro hwnnw enillodd gadair Eisteddfod Llanuwchllyn. Gallai fod wedi ennill llawer mwy o gadeiriau, a heb unrhyw amheuaeth ddod yn Brifardd – ond nid dyna'i uchelgais. Ei nod oedd trosglwyddo i eraill y ddawn o gynganeddu, a chynhaliodd lu o ddosbarthiadau yn ei fro i feithrin y ddawn honno mewn llaweroedd o rai eraill. Maent hwythau'n cydnabod eu dyled i Dafydd Wyn am y gymwynas amhrisiadwy hon.

Yn gynnar iawn roedd yn cymryd rhan yn *Ymryson y Beirdd* Sam Jones ar y radio gyda'r hen Feuryn gwreiddiol, a hefyd yn ymrysonau'r Babell Lên. Yn ddiweddarach, cychwynnodd ymrysonau bychain lleol rhwng aelodau o'i ddosbarthiadau ac, yn nes ymlaen wedyn, sefydlu tîm i gystadlu yn 'Nhalwrn' y radio pan ddechreuwyd darlledu rhaglenni *Talwrn y Beirdd*.

Mae Dafydd yn un o'r rhai sydd wedi bod yn ymrysona hiraf yn y Babell Lên. Hirach na neb, o bosib! Llwydda i ddal ei gynulleidfa bob tro, a bron yn ddi-ffael hefyd ddenu fel ymateb i'w ddarlleniadau ef ei hun o'i englynion yr 'O . . .' honno y cyfeirir ati mor aml gan Gerallt. Dyma englyn a fyddai'n sicr o fod wedi ysgogi ton o'r 'O . . .':

Annedd

Y mae it o'th grwydro maith – anheddau
    Yr ei iddynt ganwaith;
  Mae 'na dŷ ar ben y daith
  Nad ei yno ond unwaith.

Ydi, mae Dafydd yn eilun ac yn arwr yn y Babell Lên ac
ar y 'Talwrn', ond clywais un hen wàg yn dweud fod ganddo'i
'gardiau trymps' mewn ymryson, a'i fod yn eu chwarae bob
tro mae hi'n mynd yn dynn ar ei dîm – sef llunio englyn i
Eirwen ei wraig, neu 'i'm Bro Ddyfi'! Dyma enghreifftiau
gwych o'r naill a'r llall:

Eirwen

Yma'n awr, a minnau'n hen – ni wn i
    Am neb fel fy Eirwen;
  Yn fy nghur, hi yw fy ngwên,
  Yn fy alaeth, fy heulwen.

Bro Ddyfi

Yn fy ôl yr af o hyd – i fawrhau
    Hen fro wen fy mebyd,
  A chael, ar ôl dychwelyd,
  Y ddoe gwyn yn g'lwyddau i gyd.

Mae pawb yn edmygwyr o Dafydd Wyn – wel, bron bawb!
Unwaith, a minnau mewn caffi ym Machynlleth, daeth
gwraig oedrannus o Fro Ddyfi i mewn. Edrychodd arnaf yn
ddigon milain, ac meddai: 'Mae'n g'wilydd i chi ddeud y
pethe yna ydech chi yn eu dweud ar y "Talwrn". Nid i bethe
fel yna mae barddoniaeth i fod.' Edrychais arni'n syn. Yna
meddai hi: '. . . a meddyliwch am y Dafydd Wyn Jones,

Blaenplwy yna. Yn Gynghorydd, Ynad Heddwch a darllenwr lleyg, ac ar y radio y dydd o'r blaen yn defnyddio peth mor goeth â chynghanedd i lunio englyn i beth mor wael â tharw potel.' Rhydd i bawb ei farn, mae'n debyg, ond 'Galwad ffôn am darw potel' oedd y testun a gawsai Dafydd i lunio englyn arno, felly 'Not Guilty' oedd yr Ynad Heddwch y tro hwnnw!

Dyma'r englyn a dramgwyddodd:

> Jones Tŷ'n Lôn sy 'ma'n ffonio – mae Biwti
> Am y botel eto;
> Ei hawydd y trydydd tro –
> Jiaw, mae'n dechrau'i henjoio!

Dywedodd Dafydd un waith am Gerallt Lloyd Owen: 'Mae o'n gwneud hwyl am ein pennau ni i gyd, ond wnaeth o 'rioed *sbort* am ben neb.' Mae hyn yn hollol wir am Dafydd ei hun hefyd. A go brin hefyd y byddai llawer ohonom yn gwneud yr hyn a wnawn oni bai am arweiniad a dylanwad Dafydd, a bydd ei gerddi a'r hyn a wnaeth i'w annwyl Fro Ddyfi a'i phobol yn goffadwriaeth iddo, mi dybiaf, am genedlaethau i ddod.

Wrth gloi, a diolch amdano, mae Gerallt wedi croniclo'n dymuniad ni i gyd mewn englyn yn ei gyflwyniad i'r gyfrol *Cribinion*, sef y gyfrol hir-ddisgwyliedig o waith Dafydd Wyn a lansiwyd yn Eisteddfod Meirion a'i Chyffiniau, 2009:

> Diau mai angau a'i myn yn ei dro
> ond yr wyf yn erfyn
> ar i'r Mistar ymestyn
> edafedd oes Dafydd Wyn!

Straeon celwydd gole

Nid oes cymaint o straeon celwydd gole i'w clywed heddiw ag y bu. Un o'r goreuon am straeon felly oedd Sam Mawr – gŵr â dychymyg a dawn dweud heb ei ail – ac fe geisiaf ailadrodd ychydig o'i straeon yn ei eiriau'i hun.

'Un diwrnod roeddwn i'n gweithio ar y bont ddŵr [*viaduct*] ger Froncysyllte, a beth weles i'n dod ond cwch ar hyd y gamlas. Doedd 'na ddim lle i'r ddau ohonom, felly bu'n rhaid i mi neidio oddi ar y bont. Wrth lwc mi laniais draed gyntaf mewn cors, a doeddwn i ddim gwaeth. Flwyddyn yn union i'r diwrnod, roeddwn yn gweithio ar y bont eto. Ni fedrwn gredu fy llygaid, achos roedd cwch arall yn dod ar hyd y gamlas. Doedd gen i ddim dewis a neidiais dros yr ochr eto. A wyddoch chi be? Fe laniais yn fy welingtons o'r flwyddyn cynt!

'Dro arall roeddwn i'n mynd i lawr y Golfa ar ddiwrnod braf ac yn sydyn dyma geiliog ffesant i fewn drwy ffenest y car o flaen fy nhrwyn, ac allan â fo drwy ffenest y *passenger*. Roeddwn i'n mynd yr un ffordd ymhen wythnos, a meddyliais, "Reit, boi", a chaeais ffenest y *passenger*. I lawr yr allt â mi, a dyma'r ceiliog ffesant i fewn o flaen fy nhrwyn drwy fy ffenest i a hedfan yn syth at ffenest y *passenger*.

Cydiais ynddo a rhoi tro yn ei gorn, a dyna be gawson ni i ginio dydd Sul.

'Yn ystod rhyw aeaf caled roeddwn hanner ffordd i lawr y Golfa pan welais luwch mawr o eira o'm blaen. Doedd gen i ddim siawns i stopio, felly troed lawr ac ymlaen â fi drwy'r lluwch. Rywsut fe es drwyddo, a phan edrychais yn ôl yn y gwydr, roedd clamp o dwnnel i'w weld drwy'r ffenestr ôl.

'Dwi'n cofio fi'n saethu colomennod clai gyda gwn un faril, ac roedd y gwn wedi mynd mor boeth fel y bu'n rhaid imi fynd â fo i oeri bob yn hyn a hyn mewn casgen o ddŵr oer. Taniais at ddau gant, a fethais i'r un.

'Dwi'n cofio gwynt ofnadwy ryw ddiwrnod arall nes oedd sgwarnogod yn cael eu chwythu oddi ar eu gwâl, a thwmpathau brwyn yn cael eu chwythu o'r ddaear. Dyma'r unig dro y gwelais staplau'n cael eu chwythu allan o ffensys.'

* * *

Un o'm ffrindiau i yn Ysgol Uwchradd Llanfyllin oedd Tom Morris, Garreg Ddu, Llanrhaeadr-ym-Mochnant. Roedd ei dad, Don Garreg Ddu, yn enwog dros ardal eang fel heliwr llwynogod. Cofiaf Tom yn dweud eu bod yn sefyll wrth ddaear llwynog, ac fe foltiodd y llwynog cyn i Tom ei saethu.

'Wyddost ti be,' meddai Tom, 'ro's i gatren arall i fewn rhag ofn fod 'na lwynog arall yno, a dyma fo'n boltio. Codais y gwn a thynnais y trigar. Y peth nesaf, roedd Polos ymhob man – roeddwn wedi rhoi paced o Polos i mewn yn lle catren. Ac mi ddengodd y llwynog . . .'

Dynion busnes

Mae yna hanes difyr iawn i sawl un o fusnesau'r Canolbarth, ac yn arbennig y cymeriadau a'u sefydlodd.

Charlie's Stores

Roedd Charles (Charlie) Evans yn filwr yn yr Ail Ryfel Byd, ac yn ŵr o Loegr a benderfynodd symud i ardal y Drenewydd.

Cyn cael *de-mob* o'r fyddin roedd yn rhaid i filwyr glirio'r barics a gosod pethau'n barod ar gyfer ocsiwn ar y dydd Sadwrn canlynol. Yn y barics lle roedd Charlie, roedd popeth yn barod ar y nos Iau ac yna'r *de-mob* ar y dydd Gwener, a phob milwr yn cael hanner canpunt o arian *de-mob* a phawb yn mynd adref.

Penderfynodd Charlie beidio â mynd adref i'r Drenewydd ar y dydd Gwener, ond cadw'r hanner canpunt yn saff yn ei boced a chysgu allan ym môn rhyw glawdd dros nos. Ar y dydd Sadwrn aeth i'r ocsiwn a phrynu gwerth yr hanner canpunt o bethau, a dod â nhw adref efo fo i'r Drenewydd – a'u gwerthu mewn rhyw gilfan yn y dref.

Yn fuan wedyn, agorodd siop yn gwerthu pethau *ex-army*, ac yna siop a elwid yn 'Cheap Charlie'. Datblygodd y busnes yn Charlie's Stores, ac erbyn hyn mae siopau mawr gan y cwmni yn Aberystwyth, Craven Arms, y Drenewydd a'r Amwythig, yn ogystal â'r lle anferthol sy'n dwyn yr enw Charlies Coed-y-dinas ar gyrion y Trallwm (neu'r Trallwng yn ffurfiol).

Evans Windows

Cael hanner canpunt o arian *de-mob* ar ddiwedd y rhyfel wnaeth Jopher Evans hefyd. Ar y ffordd adref i'r Drenewydd ar y trên teimlai'n gyfoethog iawn; ni fu ganddo erioed gymaint o arian. Bu'n pendroni'r holl ffordd adref beth allai ei wneud â'r holl bres.

Cofiodd iddo weld beic gwerthu hufen iâ ar ôl dod oddi ar y cwch yn Dover, a meddyliodd: dyna'r ateb – beic hufen iâ yn y Drenewydd. Prynodd un, a dechrau gwerthu'r hufen iâ.

Roedd yn byw gyda'i fam, a rhyw noson daeth ei fodryb heibio a dweud ei bod eisiau prynu cwt ieir. Ymhen rhai dyddiau, pan oedd Jopher allan efo'i feic hufen iâ, sylwodd fod contractwyr yn y Swyddfa Addysg wrthi'n gosod lloriau newydd ac yn taflu'r hen blanciau llawr allan. Cofiodd am y cwt ieir, ac wedi siarad â'r contractwyr cafodd y coed am eu clirio.

Gwnaeth gwt ieir a'i werthu i'w fodryb. Roedd llawer o goed ar ôl, a gwnaeth un arall a rhoi 'Ar Werth' arno wrth y tŷ. Llwyddiant mawr!

Sefydlodd fusnes a'i alw'n Evans Porta Buildings. A'r Drenewydd yn tyfu'n gyflym yr adeg honno fe sefydlodd adain arall o'r cwmni dan yr enw Evans Developments. Dros gyfnod o tua deng mlynedd ar hugain, cododd gannoedd o dai yn ardal y Drenewydd. Erbyn hynny roedd y ffenestri pren yn dod i ben eu hoes yn y tai a adeiladwyd ganddo, a dyma gychwyn adain arall eto o'r busnes: Evans Windows.

Mae cwmnïau Evans Porta Buildings, Evans Developments ac Evans Windows yn dal i fynd o nerth i nerth.

Tybed beth ddigwyddodd i'r beic hufen iâ?

Mid Wales Welded Products

Ganwyd a magwyd Basil Crowther yn Kidderminster a gadawodd yr ysgol yn bymtheg oed. Roedd yn gyfnod y dirwasgiad ac nid oedd gwaith i'w gael, ond roedd ei dad yn benderfynol nad oedd i ddechrau bod adref yn ddi-waith.

Gwyddai ei dad am gwmni oedd yn rhedeg busnes tyllu mewn hen fwyngloddiau oedd wedi cau ers amser maith – tyllu i ddarganfod a oedd mwyn ar ôl yno. Holodd y perchennog a oedd yna waith i'w gael yno i'r mab. Yr ateb oedd, os hoffai'r bachgen fynd efo nhw i wneud te a rhedeg negeseuon, roedd croeso iddo ddod atynt; fyddai dim cyflog ond câi ei lety a'i fwyd gan y cwmni. A dyna fu tynged Basil.

Ymhen amser, a'r cwmni erbyn hyn wedi bod am gyfnod hir yn hen waith mwyn y Fan ger Llanidloes, roedd Basil wedi dysgu rhai sgiliau, ac yn eu plith weldio.

Wrth imi holi Basil am hanes sefydlu'r busnes, yn sydyn dyma fo'n dweud: 'And then I bored the wrong hole!' – a dyma'r hanes gafwyd ganddo:

Pan oedd y cwmni ar fin gadael y Fan, cafodd Basil ferch leol yn feichiog. Clywodd ei dad am hyn a mynnu bod yn rhaid i Basil wynebu'i gyfrifoldeb ac aros gyda'r ferch yn hytrach na symud gyda'r cwmni i'r lleoliad nesa. Bu'n byw gyda theulu'r ferch ac yn gweithio ar eu tyddyn nes iddyn nhw briodi.

Bu'n gwneud gwahanol fân swyddi, ac ar ôl codi tŷ bach

i berthynas i'w wraig roedd ganddo ddecpunt yn ei boced – arian mawr bryd hynny. Clywodd Basil fod ffarmwr cyfagos eisiau prynu gatiau haearn, felly defnyddiodd ei ddecpunt i gyd i brynu pibellau haearn a benthyciodd beiriant weldio gan rywun. Yna sylweddolodd nad oedd ganddo'r *welding rods* angenrheidiol i weldio'r gatiau na chwaith yr un geiniog i'w prynu. Cofiodd iddo weld hen weiar bigog yng nghornel rhyw gae. Aeth yno wedi iddi nosi i'w moyn, a dyna ddefnyddiodd Basil i weldio'r gatiau.

Dyna ddechreuad y busnes. Erbyn hyn mae Mid Wales Welded Products, Llanidloes, mewn adeiladau mawr newydd, yn cyflogi tua hanner cant ac yn cyflenwi peiriannau amaethyddol a llawer mwy i bob rhan o Brydain a thu hwnt.

H. G. Jones & Son, Station Garage, Machynlleth

Roedd Huw Jones, mab y Felin, Pantperthog, yn gyfaill agos i Rolly Rees y cigydd, Machynlleth. Yn ystod yr Ail Ryfel Byd, byddai Rolly Rees yn mynd â chig yn rheolaidd i Lerpwl, a chychwynnodd Huw Jones fynd efo fo'n gwmni. Galwasant yn arwerthiant ceir Queensferry ar y ffordd yn ôl un tro, prynu car, a dod â fo'n ôl i Fachynlleth i'w werthu. Mae'n ymddangos, felly, i fusnes enfawr H. G. Jones & Son ddechrau o daith i'r farchnad ddu yn Lerpwl!

Mae llawer o straeon am ddyddiau cynnar y ddau gymeriad yma ar lafar gwlad o hyd. Dyma un a gefais gan fab Huw Jones, felly tybiaf ei bod yn wir:

Roedd gŵr parchus – blaenor, mae'n debyg, ym Machynlleth – eisiau prynu car. Aeth efo Huw a Roli ar un o'u teithiau fel y gallai ddewis ei gar ym marchnad Queensferry. Wrth ddod yn ôl, galwasant mewn tafarn a chafodd y blaenor parchus lawn gormod o'r jeri-bincs.

Annoeth fyddai mynd â fo'n ôl adref at ei wraig yn y cyflwr hwnnw, felly aed â fo i dŷ Roli fel bod Mrs Rees yn gallu rhoi dipyn o goffi du iddo gael sobri cyn mynd adref. Dywedodd mewn sbel ei fod eisiau mynd i'r tŷ bach, ac aeth Huw a Roli, un bob ochor iddo, â fo i'r lle hwnnw. Ar y ffordd yno gofynnodd Huw: 'P'run ai ti neu fi sy'n mynd i dynnu ei drowsus o?' 'Mi wna i 'i ddal o,' meddai Roli, 'ac mi gei di dynnu'i drowsus o.'

Wedi'i setlo fo'n gyfforddus ar yr orsedd, fe'i gadawyd i gael ei amser. Ymhen rhyw chwarter awr aeth y ddau yn ôl i'w moyn oddi yno. Wrth fynd, gofynnodd Huw: 'P'run ai ti neu fi sy'n mynd i sychu'i ben-ôl o?' 'Wel, gan mai ti dynnodd ei drowsus o, mi gei di neud.' Daliodd Roli'r gŵr i fyny, a Huw'n barod efo'r papur, ac meddai Huw, 'O damio! Wnes i anghofio tynnu'i drôns o!'

G. S. Hughes & Son, Comins-coch

Busnes lorïau cludo anifeiliaid oedd y busnes hwn, a sefydlwyd gan ŵr o'r enw Stanley Hughes. Roedd yn ŵr cyflym iawn ei feddwl ac ni fyddai unrhyw gyfle'n pasio heb iddo'i droi yn fantais i'r cwmni.

Adeg yr Ail Ryfel Byd roedd galw mawr am gig, yn arbennig felly yn ninasoedd mawr Lloegr, a hynny wrth gwrs ar y farchnad ddu gan fod yna *rations* ar fwyd.

Ym mhob pentref yr adeg honno, byddai yna ddyn lladd moch a fyddai'n ennill ei fywoliaeth trwy wneud hynny ar ffermydd y plwy. Roedd yn angenrheidiol hefyd cael 'permit' gan y Weinyddiaeth i ladd mochyn. Roedd saith dyn lladd moch yn Nyffryn Dyfi, a byddai Stanley'n cael saith mochyn yn barod mewn cwt yn Comins-coch, wedyn yn casglu'r saith lladdwr at ei gilydd i'r cwt, a sicrhau fod ganddo un 'permit' i ladd. Ar yr union amser ag y byddai'r trên stêm saith o'r gloch yn mynd trwy Comins, byddai'r lladdwyr yn lladd bob i fochyn yn union yr un pryd, ac felly un wich fyddai 'na a honno'n cael ei boddi i ryw raddau gan sŵn y trên stêm.

Clywais iddo un tro, ar ei ffordd i Birmingham gyda chig, gael ei stopio gan yr heddlu. Gofynnwyd iddo beth oedd ganddo o dan y gorchudd ar sêt gefn y car. Atebodd Stanley, 'Pedwar can pwys o siwgwr' – y peth prinnaf un adeg y rhyfel. Chwerthin wnaeth y plismon, a dweud 'Bugger off' – a dyna wnaeth Stanley.

Clywais hefyd iddo gael ei weld unwaith mewn clinic yn ysbyty Machynlleth. Tipyn o syndod oedd ei weld yno'n eistedd yn yr ystafell aros, ac yntau'n ŵr mor brysur. Gofynnwyd iddo, 'Beth maen nhw'n ei wneud i chi yma, Mr Hughes?' A'r ateb: 'Rhoi *grease nipple* newydd ar 'y mhenglin i.'

Cwmni gwerthu tatws yn y Trallwm

Mae gwerthu tatws wedi bod yn gryn ddiwydiant yn yr ardal, gydag un cwmni'n cyflenwi tatws i gwmnïau fel Walkers Crisps ac yn cyflogi llawer iawn.

Daeth sylfaenydd un cwmni adref o'r rhyfel yn ddi-waith. Clywodd fod Eglwys y Trallwm eisiau *sexton* – un i fod yn gyfrifol am dir yr eglwys ac agor beddau yn y fynwent. Ymgeisiodd am y swydd a'i chael. Ond nid oedd wedi sylweddoli mai un o'i ddyletswyddau fyddai cadw cofrestr y fynwent – pwy oedd yn cael eu claddu yno ac ati. Gan ei fod yn hollol anllythrennog ni allai gyflawni'r rhan yma o'r gwaith a chafodd ei ddiswyddo.

Cychwynnodd blannu tatws a'u gwerthu o gwmpas y dre. Ar ôl i'r busnes dyfu'n fusnes mawr, ac yntau'n egluro i un o'i gwsmeriaid ei fod yn anllythrennog, meddai hwnnw wrtho:

'Dyn fel chi wedi sefydlu busnes enfawr fel hyn, ac yn anllythrennog. Pe baech chi wedi cael addysg, ble byddech chi erbyn hyn tybed?'

Yr ateb oedd: 'Yn agor beddau yn y Trallwm.'

Cymeriadau eraill

Roedd Emyr Berthlas yn hwyr i'r ysgol yn weddol reolaidd, a'r prifathro'n ei holi:

'Yn *hwyr* eto heddiw, Emyr. Lle ydech chi wedi bod?'

'Yn siarad efo Tomos Davies Coedcae, Syr.'

'Rhaid i chi beidio siarad efo Tomos Davies, a dod yn syth i'r ysgol fel y plant eraill. Ydech chi'n deall, Emyr?'

'Ydw, Syr.'

'Os ydech chi'n siarad efo Tomos Davies eto ac yn hwyr i'r ysgol, mi fydda i'n dod â'r gansen allan ac mi gewch chi hi, Emyr – cewch, wir.'

'Iawn, Syr.'

Dridiau'n ddiweddarach roedd Emyr yn hwyr.

'Rydech chi'n hwyr *eto*, Emyr! Wedi bod yn siarad efo Tomos Davies, siŵr o fod?'

'Naddo, Syr.'

'Lle ydech chi wedi bod 'ta, Emyr?'

'Tomos Davies Coedcae oedd yn siarad efo fi, Syr.'

*   *   *

Roedd offeiriad newydd wedi cyrraedd y plwy – gŵr o'r enw George Dean. Rhyw dair wythnos ar ôl iddo ddechrau ar ei waith, roedd yn beirniadu cystadleuaeth adrodd stori wreiddiol yng 'Nghwarfod Bêch' Tafolwern.

A George Dean wrth y bwrdd yn beirniadu, dyma Dic y Coedcae'n dod ymlaen i adrodd ei stori:

'Dwy wraig yn cwrdd â'i gilydd fore ddoe ar ffald y Wynnstay. Un yn gofyn i'r llall:

"Welsoch chi Dean, y rheithor newydd?"

"Naddo wir, dwi'm 'di gweld ei *wyneb* o eto!"'

* * *

Gwraig weddw oedd Mrs Jones, ac yn ffermio tyddyn bach dwy fuwch. Heb fod yn angharedig, roedd hi'n bell o fod y wraig harddaf a greodd Duw. Roedd yna lojyr yn aros gyda hi, gŵr a elwid yn 'Landsend'. Ei alwedigaeth oedd gyrru lorri i fasnachwr lleol, a'r gred oedd fod Landsend yn dipyn mwy na lojyr ym mywyd ei landledi.

Aeth y sôn o amgylch fod yna fuwch ar werth gan Mrs Jones, ac aeth Lewis Richards, ffarmwr cefnog iawn, i geisio'i phrynu. Doedd ganddo ddim diddordeb mewn prynu'r un oedd ar werth, ond roedd ganddo ddiddordeb mawr mewn prynu un arall oedd ganddi.

Wedi hir drafod, cytunwyd a tharo bargen am yr un *nad* oedd ar werth yn wreiddiol.

'Edrychwch ar ei hôl hi'n dda, Mrs Jones – mi ddown ni i'w moyn hi ddydd Sadwrn,' meddai Lewis Richards.

Y Sadwrn canlynol daeth Lewis Richards a'r gwas i moyn y fuwch, a dyma fel y bu hi:

'Tydi'r fuwch yna ddim i fynd oddi yma, Mr Richards.'

'Be sy'n bod, Mrs Jones?'

'Nid honna oedd ar werth.'

'Wel honna brynis i, a fi piau hi rŵan.'

'Tydi hi *ddim* i fynd, a dyna fo.'

'Bargen ydi bargen. Rhywun sâl iawn sy'n mynd yn ôl ar ei gair a thorri bargen.'

Erbyn hyn roedd Mrs Jones yn ei dagrau, a holodd Lewis Richards hi:

'Be sy wedi gwneud i chi newid eich meddwl fel hyn?'

'Os ewch chi â'r fuwch yna oddi yma, Mr Richards, mi golla i 'nghariad.' (Landsend wedi rhoi ei droed i lawr a bygwth gadael, mae'n rhaid.)

Ac meddai Lewis Richards:

'Wel os mai fel'na mae hi, Mrs Jones fach, dwi'n credu y bydde'n haws i mi gael buwch arall nag i chi gael cariad newydd.'

* * *

Dafydd Lewis, gŵr gwladaidd iawn, yn treio'i brawf gyrru ar *autocycle* yn nhref Machynlleth. Ar ôl mynd yn ôl a blaen hyd y dre am ryw dri chwarter awr, dyma Edwards y testar yn ei gael i stopio wrth ei swyddfa, a holi cwestiynau am yr *Highway Code*.

'Mewn goleuadau traffic, pa olau ddaw ymlaen ar ôl y coch, Mr Lewis?'

'Mae'n ddrwg gen i fachgen, dydw i'm yn gwybod yr ateb i hwnna.'

'Beth yw'r gwahaniaeth rhwng arwyddion "Stop" a "Slow" ar groesffordd?'

'Gen i ofn nad ydw i'n gwybod yr ateb i hwnna chwaith.'

'Ar gylchdro (neu rowndabowt), beth ydi'r rheol . . .?'

A dyma Dafydd Lewis yn torri ar ei draws:

'Taswn i ond wedi gwbod byddech chi eisie gwbod y pethe yna, roedd gen i lyfr bach adre yn deud popeth.'

* * *

Roedd gan Ifan Hughes hen fan Ford Escort a honno'n yfflon, ond roedd yn un hwylus iawn i gario gwair o'r buarth i'r defaid ar gaeau'r fferm. Rhyw ddiwrnod, a'r caeau'n wlyb ar ôl glaw mawr, aeth â'i wair yn y fan rhyw ddau gan llath i lawr y ffordd Gyngor, a rhoi'r gwair dros y gwrych i'r cae. Daeth car yr heddlu heibio, a stopio. Edrychodd yr heddwas mewn syfrdandod ar y fan, ac meddai:

'Oes ganddo chi MOT ar y fan 'ma?'

'Wel nagoes, fachgen, ac mi ddyweda i wrthoch chi pam hefyd. Bashith hi ddim.'

Cerddodd yr heddwas o amgylch y fan, ac meddai:

'Brenin Mawr! Does ganddoch chi'm trwydded arni chwaith.'

'Deudwch i mi, sut ydech chi'n disgwyl i mi gael trwydded heb MOT?'

* * *

Yn aml yn y pumdegau, pan fyddai garej arbennig yn yr ardal yn gwerthu car, yr arferiad fyddai i Jac, brawd y perchennog – gŵr oedd wedi treulio'i oes fel gyrrwr tacsi yn Llundain cyn ymddeol – ddysgu prynwr y car i'w ddreifio.

Prynodd Harri'r Durn gar yn y garej, a threfnwyd bod Jac yn mynd â'r car yno un nos Fawrth i ddechrau dysgu Harri i ddreifio.

Gan fod y Durn ar ddarn syth o'r briffordd, penderfynwyd i Harri fynd at yr olwyn yn syth. Wedi i Jac esbonio sut roedd cychwyn yr injan, a dangos p'run oedd y throtl a ph'run oedd y brêc, ac egluro mewn manylder beth oedd gwaith y clytsh, meddai wrth Harri:

'Rwan ta, Harri, cychwynnwch yr injan . . . rhowch beth pwysau ar y throtl . . . fel gwelwch chi, mae'r injan yn cyflymu . . . mwya ydech chi'n ei wasgu, cyflyma mae'r car

130

yn mynd . . . Hwn fan hyn ydi'r gêr; peidiwch â phoeni am hwn ar hyn o bryd, mi ofala i am y gêrs . . . Reit ta, Harri, gwasgwch y clytsh i lawr i'r gwaelod, a mi ro i o yn y gêr gynta . . . Dyna ni! Yn ofalus rŵan . . . ychydig mwy ar y throtl . . . gollwng y clytsh yn araf . . . A ryden ni'n *mynd*! Gwyliwch y llywio, ac i *le* ryden ni'n mynd . . .'

A ffwrdd â nhw i lawr y ffordd.

'Reit ta, Harri. Rhowch y clytsh i lawr i mi gael newid y gêr i'r second.'

Harri'n cymryd dim sylw.

'Harri, gwrandwch arna i. Rhowch y clytsh i lawr i mi gael newid y gêr.'

Dim sylw eto.

'Harri!' – Jac yn gweiddi erbyn hyn – 'rhowch y clytsh i lawr i mi gael rhoi hwn yn y second.'

Meddai Harri:

'Pwy sy'n dreifio'r car 'ma – chi 'ta fi?'

A dyna'r tro cyntaf a'r olaf i Harri'r Durn fod wrth lyw car.

* * *

Roedd gŵr o'r enw Sion Myrfyn wedi bod yn gweithio yn y busnes beddfeini ers rhai blynyddoedd – gŵr diwylliedig iawn, bardd arbennig, ac un o'r rhai mwyaf ffraeth ei atebion.

Un diwrnod roedd Sion yn gwneud rhywbeth i ryw gofeb yng nghefn y gweithdy, a'r perchennog yn digwydd mynd heibio a dweud wrtho:

'Taswn i'n ti, Sion, mi faswn i'n gwneud fel hyn . . .'

'Na faset. Taset ti'n fi, fel *hyn* faset ti'n gneud.'

A dyna ddiwedd ar y sgwrs.

* * *

Prynodd Arthur foto-beic newydd yn y garej leol. Ymhen rhyw dri mis, sylwodd fod y moto-beic yn treulio'r teiar blaen ar un ochor. Wrth godi petrol yn y garej un noson, gofynnodd Arthur i Jac beth fyddai'r peth gorau iddo'i wneud er mwyn datrys y broblem. Ar ôl archwilio'r teiar yn ofalus, y cyngor roddodd Jac iddo oedd hwn:

'Yr ateb ichi, Arthur, fydde cymryd tri mis o wyliau ar y Cyfandir.'

* * *

Mae'r ffaith mai fy musnes i oedd gwneud beddfeini'n berthnasol i'r stori nesaf yma!

Pan oeddwn tua deunaw oed, ar ôl yr Aelwyd un noson, mi es ag un o'r merched adref yn fy fan Mini. Wrth basio Tŷ Capel Soar ar fy ffordd adre'n ôl a hithau tua hanner nos, sylwais drwy gornel fy llygad fod golau yno. Roedd hyn yn syndod i mi. Hen lanc oedd yn byw yn y tŷ capel – Edward Williams – un o'r bobol fwyaf cynnil a welwyd erioed. Byddai'n mynd i'w wely ar fachlud haul yn hytrach na llosgi paraffîn yn y lamp.

Rhaid bod Edward Williams yn sâl, meddyliais – a throi 'nôl. Wedi imi guro'r drws, daeth llais o'r tu mewn yn gofyn pwy oedd yna. Wedi deall mai fi oedd yna, agorodd y drws. Eglurodd fod ganddo boen yn ei frest ond ni fynnai sôn am feddyg. Roedd am i mi wneud paned o de iddo, a dyna wnes i ar ryw stôf oel yn y cefn.

Ar ôl y te roedd yn teimlo'n llawer gwell, meddai. Aeth i'w wely, ac es innau adref.

Fore trannoeth es draw i Tŷ Capel i weld a oedd Edward Williams yn iawn. Roedd wedi codi ac yn ymddangos yn hollol iach. Cyn i mi adael, meddai:

'Diolch ichi, Hedd, am eich consýrn amdana i neithiwr. Mi ro i 'ngair ichi mai chi gaiff wneud fy ngharreg fedd i, os na fyddwch chi'n ddrud ofnadwy.'

* * *

Roedd angen symud cofeb oddi ar fedd ym mynwent Aberdyfi. Mae'r fynwent honno ar lechwedd wrth y môr, ac ardal y Borth i'w gweld yr ochor draw i'r aber.

Pan gyrhaeddodd Sion Myrfyn a minnau'r fynwent, roedd dau ddyn Cyngor yno'n aros i agor y bedd. Dyma nhw'n dweud wrthym (yn eitha milain) ein bod wedi bod yn hir iawn yn cyrraedd yno. Roedd hi bron iawn wedi mynd yn ffrae rhwng bois y Cyngor a fi, pan glywsom Sion Myrfyn yn gofyn:

'Dedwch i mi, ai Llyn y Bala neu Lyn Tegid ydi hwnna fan'na?' – ac yn pwyntio at y môr.

'Be ddwedsoch chi?' gofynnodd un o fois y Cyngor.

'Holi o'n i p'run ai Llyn y Bala neu Lyn Tegid ydi hwnna.'

'Y môr ydi hwnna, fachgen.'

'Pwy fôr ydi hwnna, os ydw i'n gallu gweld yr ochor draw?'

Aeth pob ffrae yn angof!

* * *

Ar fore Llun yn y gwaith, gofynnodd Sion Myrfyn i mi a allwn fynd efo fo i Lanrhaeadr-ym-Mochnant y noson honno. Roedd wedi gweld hysbyseb am gar ar werth yn y *County Times*, ac os byddai dau ohonom yn mynd, gallem ddod â'r car yn ôl os byddai prynu.

Wedi cyrraedd Llanrhaeadr-ym-Mochnant, gwelwyd mai perthyn i weinidog yr oedd y car. Fe'i harchwiliwyd yn ofalus a tharo'r fargen. Roedd y gweinidog am i ni fynd i'r tŷ i gael paned cyn cychwyn yn ôl, ac felly y bu.

Yn sydyn, ar ganol y sgwrs wrth y bwrdd, dyma Sion Myrfyn yn gofyn:

'Dedwch i mi, yn lle yn Llanrhaeadr-ym-Mochnant yma mae'r Esgob William Morgan yn byw?'

Ar ôl edrych mewn syndod ar Sion am eiliad neu ddau, atebodd y gweinidog:

'Mae o wedi marw ers cannoedd o flynyddoedd, fachgen.'

'Duw, ydi o? Chlywis i ddim.'

* * *

Clywais i hogyn o'r ardal fynd i Lundain i aros gyda modryb iddo am bythefnos o wyliau, rywbryd tua'r dauddegau. Holodd ei ffrindiau sut le oedd Llundain, a dyma'r ateb gawson nhw:

'Ei weld o'n rhyw hen le pell o bob man o'n i. Ac mi welis i un peth rhyfedd iawn yno – fyddech chi byth yn coelio! – plant bach tua tair a phedair oed yn siarad Saesneg.'

* * *

Saer coed yn gweithio ar un o stadau'r fro oedd Harri, yn trwsio adeiladau ac ati ar y stad. Roedd wrthi'n rhoi to newydd ar adeilad fferm, ac yn cerdded o'r pentref at ei waith yno bob dydd. Wrth gerdded adref un min nos, roedd Lena ar ben drws ei thŷ yn ei aros. Gofynnodd iddo a wnâi o gymwynas â hi.

'Gwnaf, siŵr iawn,' meddai Harri. 'Be ydech chi eisiau?'

'Mae gen i lythyr fan hyn eisiau 'i bostio, ond does gen i ddim amlenni na stamps. Allet ti fynd â fo? Dyma 'ti hanner coron i brynu'r stamps ac amlenni. Rho'r cyfeiriad yma ar un amlen a phostio'r llythyr, wedyn tyrd â'r gweddill o'r amlenni a'r newid yn ôl i mi bore fory.'

'Iawn,' meddai Harri, ac i ffwrdd â fo.

Penderfynodd ddarllen y llythyr:

J. D. Williams,
General Warehouse,
Manchester.

Dear Mr Williams,

I am surprised at you sending me a pair of slippers size 5 when you should know jolly well that I am size 6, but don't worry I have sold the slippers to Fanw the wife of Robin who lives at Wern.

Please send me another pair size 6.

Kindest regards to Mrs Williams and the family,
Yours Truly,
Lena.

* * *

Pan oeddwn yn galw yn y siop ryw nos Sadwrn, pwy dynnodd i fyny wrth y siop yn ei Lotus Cortina, efo rhes o lampau ar ei ben blaen – yn amlwg ar ei ffordd i gystadlu mewn rhyw rali geir yn rhywle – ond Wyn.

Teimlwn reidrwydd i gyfeirio at y car, er nad oedd gen i fawr o ddiddordeb ynddo mewn gwirionedd.

'Oes yna rywbeth yn sbesial yn yr olwynion yna, Wyn?'

'Oes, maen nhw'n grwn.'

* * *

Pan oedd tua un ar bymtheg oed, mae'n debyg fod Wyn yn ei wely'n sâl – rhyw salwch stumog, hwyrach – a'i fam wedi

135

galw'r doctor i'w weld. Wrth ei archwilio, gofynnodd y doctor:

'Sut mae dy fowels di, Wyn?'

Ateb y claf oedd:

'A E I O U W Y.'

* * *

Roedd athro yn ysgol Bro Ddyfi a chanddo lygaid croes. Un diwrnod roedd Wyn yn rhedeg ar hyd coridor yr ysgol, ac wrth ddod rownd y tro aeth i wrthdrawiad â'r athro. Meddai hwnnw'n eitha blin:

'Pam nad edrychi di lle rwyt ti'n mynd, fachgen?'

'Tasech chi, Syr, yn mynd i'r lle rydech chi'n edrych, mi faswn i wedi'ch pasio,' meddai Wyn.

* * *

Roedd Dafydd, hen lanc o Fro Ddyfi, yn dueddol o gael rhyw beint neu ddau yn ormod ambell nos Sadwrn. Un noson, roedd y plisman lleol wedi sylwi ar ei gar yn iard y dafarn. Yn nes ymlaen y noson honno, a Dafydd yn dod allan i'r ffordd o'r iard yn y car, dyma'r plisman yn ei stopio.

'Wyt ti'n ffit i ddreifio'r car yma adre, Dafydd?'

'Wel, mi ddweda i gymaint â hyn – dydw i'm ffit i *gerdded* yno, beth bynnag.'

* * *

Wrth osod cofeb ym mynwent yr Hen Gapel, Llanbryn-mair, daeth Arthur Hughes, gŵr y Tŷ Capel, atom i'r fynwent. A ninnau'n cario slabiau concrid o'r cerbyd at y bedd, dyma Arthur yn dweud:

'Pethau trwm ydy rheina, myn diaw. Mi garies i rai

cannoedd ohonyn nhw yn Dolgellau yn 1957.'

'Beth oeddech chi yn ei wneud yn fan'no, Arthur?'

'Mi ddweda i wrthoch chi rŵan: roeddwn i'n gweithio i'r Cyngor ar y pryd, ac mi wnaethom ni *pavements* newydd trwy'r dref i gyd yn barod am ymweliad y Frenhines. Ac mi ddweda i beth arall wrthoch chi hefyd: pan ddaeth hi i Ddolgellau, roedd 'na gymaint o bobol o gwmpas welodd hi ddim un o'r *pavements*.'

*   *   *

Mae'n debyg fod yna bregethwr cynorthwyol yn mynd o gwmpas capeli Bro Ddyfi i bregethu tua adeg y Diwygiad – ffarmwr, o fferm Tŷ'n Twll.

Roedd wedi mynd i hwyl mewn oedfa un tro wrth bregethu ar y testun: 'Iesu Grist, ddoe a heddiw, yr un ac yn dragywydd.' A than lafarganu, dyma fo'n dweud:

'Yr un yw Iesu Grist bob amser. Dim bwys be wnewch chi ei alw, mae'n dal yr un o hyd. Mae rhai o'r pregethwyr ifenc 'ma'n mynnu'i alw'n "Crist Iesu" – ond galwch chi o'n Iesu Grist neu Grist Iesu, fydd o ddim yn newid dim. Yn wahanol iawn i enw 'nghartre i – tasech chi'n troi *hwnnw* o gwmpas . . .'

*   *   *

Yn nauddegau a thridegau'r ganrif diwethaf, roedd yn arferol i rai fynd i lawr i'r de i weithio yn y pyllau glo. Clywais i un o'r enw Ned Bach fynd i Abercynon i weithio. Wedi cyrraedd a setlo i mewn yn ei lety, penderfynodd Ned fynd allan am dro i chwilio am rywrai i wneud ffrindiau â nhw.

A hithau'n dechrau nosi, sylwodd ar ddau neu dri o

fechgyn yn cael sgwrs gerllaw pont. Aeth draw atynt, ac i dorri'r garw dyma fo'n dweud:

'Sut ydach chi, hogia? Sylwi bod gennoch chitha leuad yma'n y Sowth, fel sy gennon ninna 'Mro Ddyfi acw.'

* * *

Roedd Dic yn trio'i brawf gyrru ar dractor. Y testar yn sefyll wrth y dafarn yn y pentref, a Dic yn mynd yn ôl a blaen ar y tractor. Yna'r testar yn holi cwestiynau o'r *Highway Code*, a Dic yn ateb pob un ar ei ben. Yna gofynnodd y testar:

'Petaech chi'n mynd lawr stryd y Drenewydd ar y tractor, a'ch bod chi'n gweld ffrind ar ochor y stryd, be fyddech chi'n ei wneud?'

''Sgen i'm ffrindiau yn Drenewydd.'

* * *

Roedd Dic Jervis yn gwerthu cŵn defaid, ac un noson galwodd ffarmwr lleol heibio i ofyn oedd ganddo gi defaid ar werth.

'Oes, mae gen i gi, ac mae o wedi bod yn weithiwr da i mi hefyd.'

Trafodwyd y pris a phenderfynodd y ffermwr ei brynu. Ar ôl talu a rhoi'r ci yn y fan, gofynnodd y ffermwr:

'Be ydi enw'r ci?'

'Elli di'i alw fo'n be bynnag wyt ti eisie, achos dydi o'm yn clywed dim p'run bynnag.'

* * *

Wedi i Elmer (hen lanc, yn byw ar ei ben ei hun) gael noson reit eger yn y Wynnstay, gwahoddodd rai o'i ffrindiau yn ôl i'w dŷ i weld gêm bêl-droed ar y teledu. Pan gyrhaeddon nhw yno, sylwodd yr hogiau fod ganddo ddwy set deledu – un ar ben y llall. Roedd un â dim ond y llun yn gweithio arni, a'r llall â dim ond y llais.

Erbyn ei bod yn bryd iddynt fynd adref, roedd Elmer yn dal heb lwyddo i gael y ddwy ar yr un sianel.

*   *   *

Roedd Stanley Jones bron yn hollol foel, a dim ond rhyw stribyn cul o wallt yn ymestyn o un glust i'r llall ar gefn ei ben oedd ganddo.

Pan fyddai'n mynd â'i ferch i'r coleg yn Lerpwl, rhaid fyddai cael galw bob tro efo barbwr arbennig yn y ddinas, i gael torri'i wallt.

Un tro a hithau'n fore oer iawn, gofynnodd Stanley i'r barbwr, cyn eistedd yn y gadair:

'Do you mind if I leave my coat on?'

'No, it's alright,' meddai'r barbwr. 'You can leave your cap on as well, if you like.'

*   *   *

Un noson prynodd Morris y Cefn gar Austin Ten – ei gar cyntaf – a bore trannoeth aeth o, y wraig, a'r ferch yn yr Austin i Fachynlleth.

Wedi dod i lawr o flaen Cwm Pennant, ac ymuno â'r briffordd, meddai Morris:

'Daliwch yn sownd, mi rydw i am ei roi o yn *third* rŵan.'

*   *   *

Ym mhentref Cemmaes roedd Edith Hughes yn byw, ac yn berchen ar garej ryw ganllath o'i thŷ.

Gan nad oedd y garej yn cael ei defnyddio, gwnaeth gais

i'r Cyngor i gael peidio talu treth arni. Cytunodd y Cyngor.
Ond un diwrnod daeth swyddog o'r Cyngor heibio, a gweld
drwy ffenestr y garej fod yno raw a fforch.

Galwyd Edith o flaen tribiwnlys ar y sail fod y garej yn
cael ei defnyddio a hithau'n ddi-dreth. Ar ôl i Edith ddadlau
ei hachos, daeth y tribiwnlys i benderfyniad ac meddai'r
Cadeirydd:

'Fyddwch chi ddim yn gorfod talu treth ar y garej cyn
belled â'i bod hi'n hollol wag, Mrs Hughes. Dim cadw arfau
na dim ynddi – hynny yw, dim defnydd o gwbwl. Ydech chi'n
deall?

'Ydw, Syr,' meddai hithau. 'Ond mae gen i un cwestiwn
i'w ofyn ichi. Pe bawn i'n digwydd pasio'r garej ryw
ddiwrnod, a'i bod hi'n bwrw glaw, ga' i fynd i mewn i
gysgodi os gwelwch chi'n dda?'

*   *   *

Roedd gan reithor ym mhlwy Llanbryn-mair gar Austin
Seven 1931 – un bach dwy sêt, a hwd arno.

Ar fore eithaf oer galwodd yn yr Efail am betrol, ac Alun,
mab yr Efail – bachgen cyhyrog – ddaeth ato a rhoi petrol yn
ei gar.

Yna gofynnodd y rheithor:

'Alla i gael hanner galwyn o oel hefyd, plis?'

Daeth Alun â'r oel at y tamaid car mewn clamp o jwg
mawr, a gofyn:

'Be ydech chi am i mi neud, Rector? Rhoi oel yn y car 'ta'r
car yn yr oel?'

*   *   *

Mab ffarm deuddeg oed oedd John, ac yn fachgen eitha mawr o'i oed. Galwodd ei fam heibio Elias Humphreys, y teiliwr, a gofyn iddo ddod i fesur John am siwt. Pwysleisiodd hi'r ffaith ei fod yn fachgen *mawr iawn* (roedd hi'n un am or-ddweud!), ac meddai Elias:

'Peidiwch â phoeni – ddown ni i ben rywsut.'

Ymhen rhai dyddiau daeth Elias heibio i fesur, a John yn sefyll ar ganol y gegin. Meddai Elias wrth y fam:

'Daliwch chi'r tâp fan'na ar ei fol o, ac mi gerdda i rownd yn ôl atoch chi.'

*   *   *

Roedd siop mewn garej ym Mro Ddyfi a storws yn ei chefn yn llawn dop o bethau, a'r rheiny ar ben ei gilydd ym mhob man.

Roedd teulu o'r gogledd ar eu ffordd i'r Sioe Frenhinol yn Llanelwedd, ac wedi sylweddoli bod y gŵr wedi anghofio dod â'i welingtons. Dyma stopio yn y siop.

Ar ôl gweld cymaint o wahanol bethau oedd yno, dyma'r wraig yn gofyn i Ifor:

'Oes ganddoch chi welintons seis ten?'

'Mi edrycha i rŵan.'

Ymhen sbel dyma Ifor yn ei ôl, a dweud:

'Dwi wedi ffendio *un*. Ydi un unrhyw werth i chi?'

*   *   *

Storïwr arbennig iawn oedd Tomos Owen – un na allai adrodd unrhyw stori heb i'w freichiau chwifio i bob cyfeiriad.

Roedd amaethwyr y fro yn dilyn y cŵn hela un diwrnod. Aeth Peris yn ei fan o Bont Dolgadfan o amgylch Newydd

Fynyddog i Dalerddig i geisio cael blaen ar yr helfa. Yno roedd Tomos Owen yn edrych i gyfeiriad y mynydd.

Daeth Peris allan o'r fan ato a gofyn,

'Ydech chi wedi gweld y cŵn hela?'

A dyma'r ddrama'n cychwyn a'r breichiau'n chwifio.

'Mi welais i nhw'n dod dros fynydd y Belan fan acw ac yn croesi ffridd y Fron, ac yn . . . yn mynd draw am yr Ystrad . . . Cer o' ffordd i mi gael deud wrthot ti!'

* * *

Un hynod o hamddenol oedd Idwal. (Cofiaf stori pan oeddem yn yr ysgol am ryw 'Wlad Dim Brys' – efallai mai dyna ble ganwyd Idwal!)

Os gwelai Idwal unrhyw un wrth fynd o gwmpas y fro yn ei gar, byddai raid iddo gael stopio am sgwrs.

Yn Abercegir roedd Ifor yn byw, ond byddai'n glanhau ac yn gofalu am Gapel Talywern tua tair milltir o'i gartref. Un diwrnod ac Ifor yn cerdded o Abercegir i Dalywern, pwy ddaeth heibio yn ei gar ond Idwal. Stopiodd, wrth gwrs, a gofyn:

'Wyt ti isie lifft, Ifor?'

'Dim diolch, Idwal. Dwi ar hast.'

* * *

Roedd Raymond, hogyn bach tua deng mlwydd oed, yn croesi o'i gartre ar draws y fynwent a heibio'r eglwys i Dŷ Mawr Llan. Wrth fynd, roedd o'n ymarfer y rhegfeydd roedd o'n eu gwybod.

Pwy oedd yn digwydd bod ym mhorth yr eglwys, ac yn clywed hyn i gyd, ond y Ficer. Daeth allan o'r porth i gael gair â'r hogyn.

'Gwranda, Raymond, os wyt ti'n defnyddio iaith fel'na, ei di byth at Iesu Grist.'

Ac meddai Raymond: 'At Tomi Llan o'n i'n mynd, ddim at Iesu Grist.'